Druck von Dr. F. P. Datterer & Cie., Freising-München.

Vorwort.

Die gute Aufnahme, die meine ersten Lösungen gefunden haben, hat mich veranlaßt, weitere zehn Lösungen herauszugeben.

Um das Bändchen nicht zu umfangreich zu gestalten, gilt der praktische Fall vom Jahre 1928, auch entsprechend der amtlichen Bewertung, als Doppellösung.

Hier und besonders im Fall 10 überschreitet die Bearbeitung die für den Ernstfall vorgesehene Zeit; aus allgemeinen Gesichtspunkten schien mir aber ein tieferes Eingehen auf die dort behandelten Fragen zweckmäßig.

München, im Dezember 1933.

Dr. Kriener.

Inhaltsverzeichnis.

Nr. 1.

Staatsprüfung 1924, Juni I. Abt. 3. Aufgabe.

A.

Das Wiederkaufsrecht.

I.

Das Grundbuchamt hat auf Antrag der Eheleute Lechner das Wiederkaufsrecht gelöscht mit der Begründung, es sei durch die gewinnlose Übereignung des Grundstücks an den Ehegatten erloschen. Diese Löschung stellt sich also als eine Eintragung zum Zwecke der Berichtigung des durch das Erlöschen des Wiederkaufsrechtes unrichtig gewordenen Grundbuchs dar.

Die Genossenschaft behauptet, ihr Wiederkaufsrecht bestehe noch und sei keineswegs erloschen; durch seine Löschung sei das Grundbuch keineswegs richtig, sondern im Gegenteil unrichtig geworden, da irrigerweise ein Recht gelöscht worden sei, das in Wahrheit noch bestehe. Die Genossenschaft legt daher gegen die Eintragung (Löschung) Beschwerde zum Landgericht Felden ein mit dem Antrag, das Grundbuchamt anzuweisen, gegen die Löschung einen Widerspruch einzutragen.

Die Beschwerde mit dem Verlangen auf Eintragung eines Widerspruchs ist nach § 71 Abs. 2 GBO. zulässig. Als einfache Beschwerde ist sie an eine Frist nicht gebunden. Sie ist begründet, wenn das Grundbuch durch die Löschung unrichtig geworden ist (§ 71 Abs. 2 mit § 54 Abs. 1 GBO.). Ob dies der Fall ist, ist im folgenden zu untersuchen.

II.

1. Es ist seinerzeit für die Genossenschaft ein Wiederkaufsrecht eingetragen worden. Ein dingliches Wiederkaufsrecht*) ist nun dem BGB. allerdings, im Gegensatz zum

*) Das Siedlungsgesetz vom 11. August 1919 § 20 Abs. II (RGBl. 1919 S. 1429) kennt ein Wiederkaufsrecht.

dinglichen Vorkaufsrecht der §§ 1094 ff. BGB. unbekannt, und da für die dinglichen Rechte numerus clausus gilt, konnte ein solches Recht durch Vereinbarung und Eintragung nicht begründet werden.

Es kann aber die damalige Eintragung als Eintragung einer Vormerkung zur Sicherung des Anspruchs der Genossenschaft auf Übertragung des Eigentums nach § 883 BGB. angesehen werden. Denn es wurde seinerzeit mit Urkunde vom 5. Januar 1920 ein persönliches Wiederkaufsrecht nach §§ 497 ff. BGB. vereinbart, und zur Sicherung des hieraus entspringenden Übereignungsanspruchs die Eintragung einer Vormerkung nach §§ 883, 885 bewilligt und beantragt. Es wurde nun allerdings die Vormerkung nicht antragsgemäß eingetragen, wohl aber wurde bei der Eintragung zur näheren Bezeichnung des Rechtes auf die Eintragungsbewilligung gemäß § 874 BGB. Bezug genommen. Durch diese Bezugnahme gilt die Eintragungsbewilligung als miteingetragen und gehört mit zum Inhalt des Grundbuchs (RGRKomm. 1921 und 1928 § 883 Anm. 9 und Planck 1920, § 874 Anm. 2), weshalb ja auch diese Urkunde nach § 9 GBO. vom Grundbuchamt aufzubewahren ist. Aus der Eintragung selbst im Zusammenhalt mit der Eintragungsbewilligung, auf die in der Eintragung Bezug genommen wurde, kann daher das Beschwerdegericht annehmen, daß zwar nicht ein dingliches Wiederkaufsrecht, wohl aber eine rechtsgültige Vormerkung zur Sicherung des Anspruchs der Genossenschaft auf Rückübereignung des Grundstücks entstanden ist; dies um so mehr, als auch die Eheleute Lechner, die dazu doch Anlaß gehabt hätten, die Rechtsgültigkeit der Entstehung des Rechtes an sich nicht bestreiten, sondern lediglich erwähnen, daß es in der Form, in der es eingetragen wurde, nicht hätte eingetragen werden sollen. Beizufügen ist noch, daß die Eintragung der Vormerkung an eine bestimmte Form nicht gebunden ist, das Wort „Vormerkung" in das Grundbuch nicht aufgenommen werden muß; RGRKomm. § 883 Anm. 9.

2. Kann also die Eintragung des Wiederkaufsrechtes als Eintragung einer Vormerkung zur Sicherung des persön-

lichen Wiederkaufsrechtes gewertet werden, so ist nunmehr zu untersuchen, ob dieses persönliche Recht und damit die zu dessen Sicherung eingetragene Vormerkung durch die Übereignung des Grundstückes erloschen sind.

Eheleute Lechner behaupten, daß das Recht durch diese Übereignung erloschen wäre; die Genossenschaft gibt zu, daß diese Folge im Falle einer rechtswirksamen Übereignung eingetreten wäre, bestreitet aber die Rechtsgültigkeit einer solchen Übereignung, weil der Schenkungsakt (gemeint ist offenbar sowohl das obligatorische Rechtsgeschäft nach §§ 313 und 518 BGB. wie auch die Auflassung nach §§ 873, 925 BGB.) nur ein Scheingeschäft sei und offenbar, da nur zur Benachteiligung der Genossenschaft erfolgt, gegen die guten Sitten verstoße.

Nun ist in keiner Weise dargetan, daß hier ein Scheingeschäft nach § 117 BGB. oder ein gegen die guten Sitten verstoßendes Rechtsgeschäft nach § 138 BGB. vorliegt, wobei davon ganz abgesehen werden soll, daß das wegen Verstoßes gegen die guten Sitten nichtige Grundgeschäft nach § 817 BGB. keinesfalls auch die Nichtigkeit des Erfüllungsgeschäftes, also der Auflassung, und damit auch des Eigentumswechsels zur Folge hätte.

Obwohl daher die Gültigkeit der Auflassung und damit der Eigentumswechsel als eingetreten angesehen werden muß, ist aber trotzdem das persönliche Wiederkaufsrecht und mit ihm die zu seinem Schutze eingetragene Vormerkung keineswegs erloschen aus folgenden Gründen: Beide Teile gehen von der irrigen Ansicht aus, daß das Wiederkaufsrecht durch gewinnlose Übereignung an den Ehegatten *erlösche*; das ist aber nach Inhalt des Vertrages keineswegs der Fall. Erklärt nämlich, wie vorliegend, der Wiederkaufsberechtigte, daß er sein Recht für einen bestimmten Fall nicht geltend machen wolle — hier für den Fall schenkungsweiser Übereignung an den Ehegatten oder an eine nahverwandte Person — so erhellt ohne weiteres, daß der Wiederkaufsberechtigte durch solche Vereinbarung nicht auf sein Recht im ganzen *verzichten* wollte, daß es vielmehr in einem solchen Fall nur einstweilen *ruhen* solle, während es im übrigen un=

eingeschränkt aufrecht bleibt. Nur dies kann der Sinn und Vertragswille bei der fraglichen Vereinbarung gewesen sein; andernfalls stünde es ja dem Verpflichteten jederzeit frei, das Recht zum Erlöschen zu bringen, was sicher nicht gewollt war.

Selbst wenn daher eine gewinnlose Übereignung an den Ehegatten stattgefunden hat, ist das Wiederkaufsrecht und die Vormerkung nicht erloschen, auf die Frage, ob die Übereignung gültig oder nichtig war, kommt es daher hier gar nicht an; übrigens liegt hier eine gewinnlose Übereignung gar nicht vor, da dem Veräußerer als Gegenleistung der Nießbrauch eingeräumt wurde.

3. Das Wiederkaufsrecht ist also nicht erloschen, und durch die trotzdem am 10. Mai 1924 vollzogene Löschung der Vormerkung für dieses Recht hat daher das Grundbuchamt eine Eintragung vorgenommen, durch die das Grundbuch unrichtig geworden ist. Die Beschwerde ist daher nach §§ 71, 54 GBO. begründet, das Beschwerdegericht hat also das Grundbuchamt anzuweisen, einen Widerspruch gegen die zu Unrecht erfolgte Löschung der Vormerkung einzutragen.

Die endgültige Wiedereintragung des Rechtes selbst ist eine Sache für sich. Sie erfolgt entweder auf Grund Eintragungsbewilligung der Eigentümerin zum Zwecke der Grundbuchberichtigung nach §§ 19, 29 GBO., oder, wenn sie verweigert wird, nach Klagestellung und obsiegendem Urteil nach §§ 19 GBO., 894 ZPO.

Es steht nichts im Wege, daß das Beschwerdegericht das Grundbuchamt jetzt schon darauf hinweist, bei der seinerzeitigen Wiedereintragung das Recht in korrekter Form, also als Vormerkung, einzutragen; s. BayObLG. Bd. 23, S. 67 ff. = BayZ. 1924, S. 199.

III.

Das Beschwerdegericht kann nun aber auch einen strengeren, formelleren Standpunkt einnehmen.

1. Bezüglich der seinerzeitigen Eintragung des Wiederkaufsrechtes kann es sagen: Ein dingliches Wiederkaufsrecht ist durch die Eintragung jedenfalls nicht entstanden, da das

BGB. ein solches Recht nicht kennt. Die Eintragung kann aber auch nicht als eine dingliche Vormerkung für das tatsächlich vereinbarte und bestehende persönliche Wiederkaufsrecht bewertet werden; denn wenn auch eine bestimmte Form für die Eintragung einer Vormerkung nicht vorgeschrieben ist, so ist doch Mindesterfordernis der Eintragung und damit der Entstehung, daß das Recht selbst und sein Inhalt, soweit er zur Kennzeichnung des Rechtes nach seiner allgemeinen rechtlichen Natur und seiner besonderen Art notwendig ist, im Grundbuch selbst richtig dargestellt ist (RGRKomm. § 874 Anm. 3; RGZ. Bd. 89 S. 159); fehlt es hieran, so liegt eine rechtswirksame Eintragung und damit ein grundbuchmäßiges Recht nicht vor, die mangelhafte Eintragung kann auch durch eine Bezugnahme nach § 874 BGB. nicht ersetzt werden. Die genannten Mängel der Eintragung liegen aber hier vor; die Eintragung, wie sie ihrerzeit vorgenommen wurde, konnte daher weder die Begründung eines unzulässigen Wiederkaufsrechtes noch die Entstehung einer an und für sich (bei richtiger Eintragung) zulässigen Vormerkung zur Folge haben.

2. Die Eintragung des dinglichen Wiederkaufsrechtes erweist sich also ihrem Inhalte nach als unzulässig. Zwar hat das Grundbuchamt dieses Recht mit einer doppelt irrigen Begründung gelöscht: es hat einmal angenommen, es sei, wenigstens als Vormerkung, entstanden, und hat des weiteren angenommen, es sei infolge gewinnloser Übereignung des Grundstücks erloschen. Trotz dieses doppelten Irrtums wurde aber doch das Recht im Enderfolg richtig gelöscht; denn es war zwar nicht aus den angegebenen Gründen, wohl aber aus § 54 Abs. 1 Satz 2 GBO., weil es sich um eine ihrem Inhalte nach unzulässige Eintragung handelt, von Amts wegen zu löschen. Durch diese Löschung wurde daher das Grundbuch keineswegs unrichtig im Sinne des § 54 Abs. 1 Satz 1 GBO., sondern es wurde nach § 54 Abs. 1 Satz 2 GBO. von einer nach ihrem Inhalt unzulässigen Eintragung gesäubert. Die Beschwerde ist daher unbegründet und mithin abzuweisen; s. BayObLG. Bd. 25 S. 390 = BayZ. 1927, S. 10.

B.

Das Belastungsverbot.

I.

Das Grundbuchamt hat das Belastungsverbot nach § 54 Abs. 1 Satz 2 GBO. von Amts wegen (auf Anregung der Eheleute Lechner, s. Meikel-Imhof, § 54 Anm. 5 b β) gelöscht, weil es ein vertragsmäßiges dingliches Belastungsverbot nicht gebe und es sich daher um eine nach ihrem Inhalt unzulässige Eintragung handle.

Die Genossenschaft behauptet, ein solches Belastungsverbot sei zulässig und sei seinerzeit mit Recht eingetragen worden; es sei nicht erloschen, durch die trotzdem (zu Unrecht) erfolgte Löschung von Amts wegen sei das Grundbuch unrichtig geworden. Die Genossenschaft legt auch gegen diese Eintragung (Löschung) Beschwerde ein mit dem Antrag, das Grundbuchamt anzuweisen, gegen die Löschung einen Widerspruch einzutragen.

Die Beschwerde ist nach § 71 Abs. 2 GBO. zulässig, an eine Frist ist sie als einfache Beschwerde nicht gebunden.

II.

Die Beschwerde ist aber aus folgenden Gründen unbegründet:

1. Der Eigentümer kann über sein Eigentum nach Belieben verfügen, er kann es also veräußern oder belasten.

Der Eigentümer kann sich zwar einem anderen gegenüber persönlich verpflichten, das Eigentum nicht zu veräußern oder zu belasten, und ist bei Vertragsbruch zum Schadensersatz verpflichtet, § 137 Satz 2 BGB.

Der Eigentümer kann aber einem andern gegenüber mit dinglicher Wirkung keine Vereinbarung treffen, wonach eine entgegen der Verpflichtung vorgenommene Veräußerung oder Belastung dem andern gegenüber (relativ) unwirksam sein soll, § 137 Satz 1 BGB.

Da ein solches vertragsmäßiges dingliches Veräußerungs- oder Belastungsverbot nicht bestellt werden kann, kann es daher auch im Grundbuch nicht eingetragen werden. Und nachdem nur solche Rechte vorgemerkt werden dürfen, die später endgültig eingetragen werden können (RGR.-Komm. § 883 Anm. 2), so kann die vorgenannte persönliche Verpflichtung (nebenbei bemerkt) auch nicht vorgemerkt werden.

2. Hat sich ein Eigentümer einem andern gegenüber nach § 313 BGB. verpflichtet, das Eigentum zu übereignen, so kann er trotz dieser persönlichen Verpflichtung das Grundstück anderweitig veräußern oder belasten.

Zur Sicherung des Anspruchs des anderen auf Übereignung kann aber nach §§ 883, 885 BGB. durch Vereinbarung eine Vormerkung eingetragen werden. Die eingetragene Vormerkung hat nach §§ 883 Abs. 2 und 888 BGB. die Wirkung, daß der Eigentümer dem andern gegenüber (relativ) das Grundstück nicht mehr wirksam veräußern oder belasten kann.

3. Wir sehen daher: An sich kann ein relativ wirksames dingliches Veräußerungs- oder Belastungsverbot nicht durch Vertrag vereinbart werden. Ist aber der Grundstückseigentümer einem andern gegenüber zur Übereignung verpflichtet, so kann doch ein solches dingliches Veräußerungs- und Belastungsverbot diesem gegenüber (relativ) vereinbart werden, allerdings nur in der Form und durch Eintragung einer Vormerkung zur Sicherung des Anspruchs auf Übereignung.

4. Nachdem hier ein relatives Belastungsverbot lediglich im Sinne des § 137 BGB. vereinbart und eingetragen worden ist, steht daher die Vereinbarung und Eintragung eines nach seinem Inhalte unzulässigen Rechtes in Frage. Diese Eintragung wurde vom Grundbuchamt nachträglich mit Recht nach § 54 Abs. 1 Satz 2 GBO. von Amts wegen gelöscht, das Grundbuch ist durch diese Eintragung (Löschung) keineswegs unrichtig geworden, die Beschwerde war daher als unbegründet abzuweisen.

Übrigens war seinerzeit, nachdem die Eintragung einer

Vormerkung zur Sicherung des Übereignungsanspruchs vereinbart und beantragt war, nach dem Gesagten der weitere Antrag, ein dingliches Veräußerungsverbot einzutragen, völlig überflüssig, da ja die Genossenschaft mit Eintragung der Vormerkung gegen vertragswidrige Belastungen der Eigentümer nach §§ 883 Abs. 2 und 888 BGB. gesichert ist; s. auch Staudinger (1925) § 137 Anm. 2 a a. E. und (1926) § 883 Anm. II B 1 i, S. 176 (etwas unklar), ferner KGJ. Bd. 40 S. 123 ff., bes. S. 124; Meikel-Imhof S. 152 oben.

Nr. 2.

Staatsprüfung 1925, Mai I. Abt. 4. Aufgabe Nr. I.

I.

Nach § 2111 Abs. 1 BGB. gehört zur Erbschaft, was der Vorerbe durch Rechtsgeschäft mit Mitteln der Erbschaft erwirbt. Zahlt daher der Eigentümer eines mit einer Hypothek belasteten Grundstücks die der Hypothek zugrunde liegende Forderung mit Mitteln der Erbschaft, so fällt die nach §§ 1163, 1177 BGB. entstehende Eigentümergrundschuld nicht in das freie Vermögen des Eigentümers, sondern in die Erbschaft; die Eigentümergrundschuld ist also mit Nacherbfolge belastet. Dabei ist es gleichgültig, ob das Grundstück selbst dem Eigentümer zu freiem Vermögen oder in seiner Eigenschaft als Vorerbe zusteht.

II.

Es soll vorerst angenommen werden, daß das Grundstück Hs.-Nr. 1 in Felden im gleichmäßigen Eigentum der Maria Huber stehe, daß es ihr also vollständig entweder als freien Eigentümerin zu unbedingtem Eigentum oder als Vorerbin zu auflösend bedingtem Eigentum zustehe.

Die Forderung der Spitalstiftung Felden zu 3000 *RM* hat sie zum Teilbetrag von 2000 *RM* mit freien Mitteln gezahlt, denn dieser Betrag war ihr von ihrer Mutter zur Verfügung gestellt worden. Dagegen hat sie die Forderung zum Teilbetrage von 1000 *RM* mit Mitteln der Erbschaft bezahlt; denn diese Mittel hat sie dadurch gewonnen, daß der Schuldner Pfriem, der ihrem verstorbenen Manne 1000 *RM* schuldig gewesen war, ihr diese Summe zurückzahlte; die Forderung gegen Pfriem zu 1000 *RM* stand daher ursprünglich dem Josef Huber zu und bildete mit dessen Tode einen Nachlaßgegenstand; mit deren Zurückzahlung an die Witwe ist gleichfalls nach § 2111 BGB. an Stelle der Geldforderung die Geldsumme von 1000 *RM* als Nachlaßsurrogat getreten.

Die durch die Zahlung entstandene Eigentümergrundschuld wäre daher mit dem Betrage von 2000 *RM* der Witwe zu freiem Vermögen, mit dem Betrage von 1000 *RM* wäre sie ihr nur in ihrer Eigenschaft als Vorerbin zugefallen.

III.

Das Grundstück steht nun nur zu 1/2 Miteigentumsanteil im freien Vermögen der Witwe, zu 1/2 Miteigentumsanteil steht es ihr nur als Vorerbin zu, und es frägt sich, ob sich hieraus eine Änderung an den Rechtsverhältnissen der Eigentümergrundschuld ergibt.

RGRKomm., 1928, § 1132 Anm. 4 führt aus: „Bestellen mehrere Miteigentümer eine Hypothek am ganzen Grundstück, so entsteht eine Gesamthypothek nicht, weil die Teilhaber durch ihre Verfügung über den gemeinschaftlichen Gegenstand im Sinne des § 747 Abs. 2 BGB. die Hypothek rechtlich als Einzelhypothek an dem einen Grundstück gestalten. Auch eine entsprechende Anwendung der Vorschriften über die Gesamthypothek erscheint ausgeschlossen, da auf diesem Umwege die Hypothek entgegen dem maßgebenden Willen der Beteiligten in Wirklichkeit einer Gesamthypothek gleichgestellt werden würde. Die Miteigentumsanteile haben hinsichtlich der Befriedigung der Hypothek aus dem Grundstück keine selbständige Bedeutung und die Miteigentümer gelten hinsichtlich der Zahlung, des Verzichts usw. als ein Eigentümer." Desgl. Planck, 1920, § 1132 Anm. 1 a γ; Meikel-Imhof § 49 A. 2 b.

Die Folge ist: Sind etwa Eheleute Miteigentümer eines Grundstücks zu je 1/2 Anteilen, ist dieses Grundstück gemeinsam mit einer Hypothek zu etwa 3000 *RM* belastet und zahlen die Eheleute die Forderung gemeinsam zu gleichen Teilen, so erwirbt jeder Eheteil ohne weiteres am ganzen Grundstück eine Eigentümergrundschuld zu 1500 *RM*, s. RJA. 8, 61. Und zahlt etwa der eine Eheteil allein die 3000 *RM*, so erwirbt er die ganze Eigentümergrundschuld zu 3000 *RM*. Das gleiche muß aber auch hier gelten, wo sich der eine Miteigentumsanteil eines Eheteils lediglich vererbt hat.

Auch hier ist also die Maria Huber hinsichtlich der Zahlung der Hypothek als ein Eigentümer anzusehen. Durch Zahlung der 3000 *RM* hat sie an sich die ganze Eigentümergrundschuld erworben. Sie hat aber nur 2000 *RM* mit eigenen Mitteln gezahlt, hat also nur mit diesem Betrage freie Eigentümergrundschuld erworben; sie hat 1000 *RM* mit Mitteln des Nachlasses gezahlt, mit diesem Betrage steht ihr daher die Eigentümergrundschuld nur als Vorerbin zu.

IV.

Nach § 2113 Abs. 1 BGB. ist die Verfügung des Vorerben über ein zur Erbschaft gehörendes Recht an einem Grundstück insoweit unwirksam, als sie das Recht des Nacherben vereiteln oder beeinträchtigen würde. Es besteht also ein gesetzliches Verfügungsverbot nach § 135 Abs. 1 BGB. Eine gegen dieses Verbot trotzdem vorgenommene Verfügung ist (gegenüber den Nacherben) relativ unwirksam, eine wirksame Verfügung kann nach § 185 BGB. nur mit Einwilligung oder Genehmigung der Nacherben erfolgen.

Um die Nacherben gegen die Gefahren des öffentlichen Glaubens (§§ 2113 Abs. 3 und 892 Abs. 1 BGB.) zu schützen, ist der Nacherbfolgevermerk nach § 52 GBO. bei der Eintragung des Vorerben von Amts wegen einzutragen; dadurch ist der öffentliche Glaube des Grundbuchs nach § 892 Abs. 1 Satz 2 BGB. ausgeschaltet, nunmehr können sogar weitere Verfügungen des Vorerben eingetragen werden, da nach Eintragung des Vermerks eine Gefährdung der Rechte der Nacherben nicht mehr vorliegt.

Ist dagegen der Vermerk nicht eingetragen, und hat das Grundbuchamt von der Verfügungsbeschränkung amtliche Kenntnis, so hat es den Antrag auf Eintragung einer Verfügung zurückzuweisen, wenn nicht die Zustimmung derjenigen, zu deren Schutz die Verfügung besteht, nachgewiesen wird; s. Meikel-Imhof, S. 138, Anm. β; Güthe-Triebel, 1929, vor § 13, Anm. 70. Besteht die Möglichkeit, daß das Vollzugshindernis in absehbarer Zeit beseitigt wird, hier also, daß die Genehmigung der Nacherben nachgebracht wird, so kann statt Zurückweisung eine Zwischenverfügung im Sinne des § 18 Abs. 1 GBO. erlassen werden.

Maria Huber hat die in eine Eigentümergrundschuld umgewandelte Hypothek an Christian Schlosser abgetreten, und Umschreibung auf diesen beantragt und bewilligt. Nachdem die Eigentümergrundschuld mit dem Teilbetrage von 2000 *RM* von Maria Huber zu vollem Recht erworben worden war, und sie nur mit dem Teilbetrag von 1000 *RM* in die Erbschaft fällt, liegt nur bezüglich des Teilbetrages von 1000 *RM* eine Verfügung im Sinne des § 2113 BGB. vor. Da der Fall des § 16 Abs. 2 GBO. nicht vorliegt, hätte das Grundbuchamt wegen der 2000 *RM* auf Schlosser umschreiben, wegen der 1000 *RM* aber eine Zwischenverfügung erlassen sollen.

V.

Auch die Zwischenverfügung ist eine Abweisung im Sinne des § 71 Abs. 1 GBO., Beschwerde ist also zulässig. Sie ist aber nur bezüglich des Teilbetrages zu 1000 *RM* begründet; bezüglich des übrigen Betrags ist sie unbegründet, das Landgericht hat also das Grundbuchamt anzuweisen, insoweit den Antrag zu vollziehen. Die Kosten der Beschwerde fallen nach Art. 131 AG.z.BGB. der Beschwerdeführerin zur Last.

VI.

Hat der Eigentümer eine Hypothek nach §§ 1163, 1177 BGB. erworben und will er nun diese Grundschuld sofort an einen Dritten, wie hier an Schlosser, abtreten, so soll nach der herrschenden Ansicht, auch der des Reichsgerichts und des BayObLG. (s. Meikel-Imhof § 40 Anm. 6 b β), auf Grund des § 40 GBO. zuerst die Hypothek auf den Eigentümer als Grundschuld berichtigt und dann erst die Grundschuld auf den Dritten umschrieben werden. Das Grundbuchamt hat also auch insoweit gefehlt, als es nicht die Zwischenberichtigung der Eigentümergrundschuld verlangte. Das Verbot der reformatio in pejus kennt das

Grundbuchverfahren nicht, Meikel-Imhof, § 77 Anm. 1 a *β*, *ββ*. Das Beschwerdegericht hat daher das Grundbuchamt des weiteren zu veranlassen, in der zu ergänzenden Zwischenverfügung der Huber eine angemessene Frist zum Antrag auf vorherige Zwischenberichtigung zu stellen; der nach §§ 22, 29 GBO. erforderliche Nachweis für die Berichtigung ist durch die Vorlage der Urkunden erbracht.

Nr. 3.

Staatsprüfung 1927, Mai I. Abt. 4. Aufgabe Nr. II.

I.

1. Wein hat gegen Frank eine Geldforderung in Höhe von 1000 *RM*. Zur Sicherung der Zwangsvollstreckung wegen dieser Forderung hat Wein am 10. Dezember 1926 nach § 916 ZPO. dinglichen Arrest in das Vermögen des Frank erwirkt, der Arrestbefehl wurde dem Gläubiger Wein am 12. Dezember 1926 zugestellt.

Die Vollziehung des Arrestes in ein Grundstück erfolgt nach § 932 Abs. 1 ZPO. durch Eintragung einer Sicherungshypothek für die Forderung; dabei findet nach § 932 Abs. 2 ZPO. der § 867 ZPO. entsprechende Anwendung; nachdem zwei Grundstücke mit der Hypothek belastet werden sollten, hat daher der Gläubiger den Betrag der Forderung auf die beiden Grundstücke verteilt. Für die Verteilung gilt die Wertsgrenze des § 866 Abs. 3 ZPO. nicht (Baumbach, 1931, § 866 Anm. 2; Stein-Jonas, 1926, § 866 Anm. V), es konnte daher auf Hs.-Nr. 34 in Felden eine Hypothek zu 600 *RM* und auf Hs.-Nr. 7 in Kiefer eine Hypothek zu 400 *RM* eingetragen werden*). (Da § 932 Abs. 2 ZPO. nicht auch auf § 866 ZPO. verweist, ist übrigens bestritten, ob die Wertsgrenze des § 866 Abs. 3 ZPO. für die Arresthypothek überhaupt zur Anwendung kommt; s. Stein-Jonas § 932 Anm. II, 3; die Streitfrage ist aber hier ohne Bedeutung, da es sich hier ja um Verteilung der Forderung handelt, und auch bei der Zwangshypothek in diesem Falle keine Wertsgrenze besteht.)

2. Während aus einem Urteil jederzeit vollstreckt werden kann, ist nach § 929 Abs. 2 ZPO. die Vollziehung des Arrestbefehls unstatthaft, wenn seit dem Tage, an welchem der Befehl dem Gläubiger zugestellt ist, ein Monat verstrichen ist. Während aus einem Urteil nach § 750 Abs. 1

*) Bisher betrug die Wertsgrenze 500 *RM*; auf Grund Gesetzes vom 27. Okt. 1933 beträgt sie ab 1. Januar 1934: 300 *RM*.

ZPO. nur vollstreckt werden darf, wenn es bereits zugestellt ist oder gleichzeitig zugestellt wird, ist nach § 929 Abs. 3 die Vollziehung des Arrestbefehls schon vor seiner Zustellung an den Schuldner zulässig, die Vollziehung ist jedoch ohne Wirkung, wenn die Zustellung nicht innerhalb einer Woche nach der Vollziehung und dabei innerhalb der vorgenannten Monatsfrist erfolgt. Dabei ist aber zu beachten, daß bei Eintragung einer Arresthypothek nach § 932 Abs. 3 ZPO. schon der Antrag auf Eintragung der Hypothek als Vollziehung des Arrestbefehls im Sinne des § 929 Abs. 2, 3 ZPO. gilt.

a) Der Arrestbefehl wurde nun dem Gläubiger Wein am 12. Dezember 1926 zugestellt, der Antrag auf Eintragung der Hypothek mußte daher bei den beiden Grundbuchämtern nach dem Vorerwähnten und nach § 222 ZPO. und §§ 187, 188 BGB. spätestens mit dem Ablauf des 12. Januar 1927 eingelaufen sein. Nachdem der Eintragungsantrag beim Grundbuchamt Felden am 16. Dezember 1926 und beim Grundbuchamt Kiefer am 18. Dezember 1926 einlief, ist die Frist des § 929 Abs. 2 ZPO. reichlich gewahrt.

b) Nachdem der Eintragungsantrag beim Grundbuchamt Felden am 16. Dezember 1926 einlief, mußte die Zustellung an den Schuldner hier mit dem Ablauf des 23. Dezember 1926 erfolgt sein; und nachdem der Eintragungsantrag beim Grundbuchamt Kiefer am 18. Dezember 1926 einlief, mußte die Zustellung an den Schuldner hier mit dem Ablauf des 25. Dezember 1926 erfolgt sein. Wein hat den Arrestbefehl dem Frank am 21. Dezember 1926 zustellen lassen. Die Wochenfrist des § 929 Abs. 3 ZPO. ist also gewahrt, desgleichen die auch für die Zustellung geltende Monatsfrist des § 929 Abs. 2 ZPO.

3. Aus den Gesichtspunkten unter 1. und 2. stehen also Bedenken gegen die Wirksamkeit der Arresthypotheken nicht entgegen.

II.

Beim Grundbuchamt Felden wurde die Arresthypothek zu 600 *RM* am 12. Dezember 1926 eingetragen, damit ist sie entstanden.

Wein hat für seine Forderung zu 1000 RM am 25. Januar 1927 ein rechtskräftiges Anerkenntnisurteil, also einen endgültigen Vollstreckungstitel, erhalten, mit diesem hätte er an sich die Arresthypothek in eine gewöhnliche Sicherungshypothek nach § 866 ZPO. umschreiben lassen können; s. Stein-Jonas, § 932 Anm. III und § 930 Anm. IV.

Nachdem aber der Arrestbefehl mit rechtskräftigem Urteil vom 3. Februar 1927 wieder aufgehoben wurde, hat sich die Arresthypothek nach §§ 932 Abs. 2 und 868 ZPO. in eine Eigentümergrundschuld verwandelt.

Eine Umschreibung der Arresthypothek in eine Zwangs-Sicherungshypothek konnte daher nicht mehr erfolgen, wohl aber stand es dem Wein frei, auf Grund seines Anerkenntnisurteils nunmehr die Eigentümergrundschuld zu pfänden.

Wie die Pfändung einer Buchhypothek oder einer Buchgrundschuld nach §§ 830 Abs. 1 und 857 Abs. 6 ZPO. durch Pfändungsbeschluß und Eintragung der Pfändung im Grundbuch auf Grund dieses Beschlusses erfolgt, so auch die Pfändung einer Bucheigentümergrundschuld; Meikel-Imhof, S. 259 δ; Güthe-Triebel, 1929, § 19 Anm. 131 Abs. 2; nur erübrigt sich bei letzterer im Pfändungsbeschlusse das Zahlungsverbot des § 829 Abs. 1 ZPO., da ein Drittschuldner nicht vorhanden ist. Daß der Pfändungsbeschluß dem Drittschuldner (bei der Eigentümergrundschuld dem Schuldner) vor Eintragung der Pfändung zugestellt werde, ist nicht nötig, wohl aber gilt in diesem Falle nach § 830 Abs. 2 ZPO. die Pfändung diesem gegenüber schon mit der Zustellung als bewirkt.

Wein hat nun am 7. Februar 1927 einen solchen Pfändungsbeschluß erwirkt, hat ihn, wie aus der Aufgabe entnommen werden muß, vor dem 11. Februar 1927 dem Frank zustellen lassen, am 11. Februar 1927 hat er beim Grundbuchamt Felden Antrag auf Eintragung der Pfändung der Eigentümergrundschuld gestellt. Gleichzeitig reichte aber auch Frank beim Grundbuchamt einen notariell beglaubigten Antrag ein, die ihm nunmehr zustehende Eigentümergrundschuld im Grundbuch zu löschen.

Der Antrag des Wein ist ein reiner Antrag (Meikel-Imhof § 30 Anm. 3 a), für ihn genügt daher nach § 30 GBO. die schriftliche Form. Der Antrag des Frank ist ein sog. gemischter Antrag (Meikel-Imhof § 30 Anm. 3 b), denn er umfaßt zugleich die Löschungsbewilligung, die eine Eintragungsbewilligung ist, die deshalb nach § 30 GBO. erforderliche Form des § 29 GBO. ist gewahrt. Von diesem formellen Standpunkt aus bestehen also gegen die Anträge keine Bedenken.

Beide Anträge sind aber gleichzeitig eingelaufen.

Hätte eine Zustellung des Pfändungsbeschlusses an Frank nicht stattgefunden, so könnte an sich auch der Antrag des Frank, nicht nur der Antrag des Wein, vollzogen werden, sie wären aber miteinander unvereinbar; denn es kann nicht zugleich für Wein die Pfändung und für Frank die Löschung der Eigentümergrundschuld eingetragen werden; beide Anträge müßten daher abgewiesen werden; s. Meikel-Imhof, § 17 Anm. 2 c; Güthe-Triebel, vor § 13 Anm. 103 und § 17 Anm. 6.

Nachdem nun aber der Pfändungsbeschluß dem Frank zugestellt wurde, besteht, und zwar auf Grund des § 830 Abs. 2 ZPO. dem Schuldner gegenüber schon mit dem Moment dieser Zustellung, ein gerichtliches Verfügungsverbot nach § 136 BGB.; denn dem Schuldner war in dem Beschlusse nach § 857 Abs. 6 mit § 829 Abs. 1 ZPO. verboten worden, sich jeder Verfügung über das Recht zu enthalten; s. Stein-Jonas, § 830 Anm. VII. Frank ist daher nicht mehr berechtigt, die Eigentümergrundschuld löschen zu lassen.

Das Grundbuchamt hat von diesem Verfügungsverbot amtliche Kenntnis erlangt, und hat dies zu beachten; Meikel-Imhof, S. 138 β; Güthe-Triebel vor § 13 Anm. 70. Das Grundbuchamt Felden hat daher den Antrag des Frank als unvollziehbar zurückzuweisen. Nachdem damit zwei sich gegenseitig ausschließende Anträge nicht mehr vorliegen, hat es den Antrag des Wein zu vollziehen.

Dabei soll nach § 40 GBO., bevor die Pfändung der Eigentümergrundschuld eingetragen wird, zuvor die noch auf Wein eingetragene Arresthypothek des Wein in eine Eigentümergrundschuld des Frank berichtigt werden. Der hiezu nach §§ 22, 29 GBO. erforderliche Nachweis der Unrichtigkeit des Grundbuchs ist von Wein durch Vorlage des Urteils vom 3. Februar 1927 erbracht worden. Auf Grund des jedenfalls auch vorgelegten Urteils vom 25. Januar 1927 ist er nach § 14 GBO. zur Antragsstellung legitimiert, es kann also auch Wein an Stelle des Frank Berichtigungsantrag stellen. In der Vorlage der Urkunden ist der stillschweigende Antrag des Wein zu erblicken, vor Eintragung der Pfändung das Grundbuch entsprechend zu berichtigen. Es ist daher zuerst die Arresthypothek des Wein in eine Eigentümergrundschuld des Frank zu berichtigen, sodann ist sofort die Pfändung bei dieser Eigentümergrundschuld einzutragen. Äußerstenfalls könnte das Grundbuchamt dem Wein im Wege einer Zwischenverfügung nach § 18 GBO. aufgeben, ausdrücklichen Berichtigungsantrag binnen einer angemessenen Frist nachzuholen.

Nach Ansicht von Stein-Jonas, § 857 Anm. II 6 (S. 777 oben) soll im Gegensatz zu der des Reichsgerichts und der obenerwähnten von Meikel-Imhof und Güthe-Triebel die Pfändung einer Bucheigentümergrundschuld schon im Augenblicke der Zustellung des Pfändungsbeschlusses wirksam werden, da für diesen Fall nicht § 857 Abs. 6, sondern § 857 Abs. 2 ZPO. zutreffe. Schließt man sich dieser Ansicht an, so hätte auch hier unter Abweisung des Antrags des Frank die Eintragung der Pfändung des Wein in der vorgenannten Weise zu erfolgen; denn die Wirkung der Zustellung des Pfändungsbeschlusses an Frank ist hier die gleiche; auch hier ist ein Verfügungsverbot eingetreten; zwar nicht auf Grund des § 857 Abs. 6 mit § 830 Abs. 2 ZPO., wohl aber auf Grund des § 857 Abs. 2 ZPO. Nur hätte dann diese Eintragung nicht die Natur einer Rechtsänderung, sondern nur einer Rechtsberichtigung; denn mit der Eintragung würde das Pfandrecht nicht erst entstehen, sondern das schon außerhalb des Grundbuchs entstandene Pfandrecht würde dort lediglich ersichtlich gemacht.

III.

Bei der vom Grundbuchamt Kiefer eingetragenen Arresthypothek zu 400 *RM* entspricht der Tatbestand dem der Arresthypothek des Grundbuchamts Felden zu 600 *RM*, allerdings mit der schwerwiegenden Abweichung, daß die Hypothek erst am 5. Februar 1927 eingetragen wurde.

Die Eintragung der Hypothek erfolgte also erst, nachdem der Arrestbefehl am 3. Februar 1927 schon aufgehoben worden war. Die Rechtsfolge ist aber die, daß durch die Eintragung eine Hypothek überhaupt nicht mehr entstanden ist; Stein-Jonas, § 867 Anm. II, letzter Absatz. Denn wie eine Vertragshypothek nur durch Einigung und Eintragung entstehen kann, und die eingetragene Vertragshypothek schlechtweg nichtig ist, also eine Umwandlung in Eigentümergrundschuld nicht in Frage kommt, wenn neben der Eintragung eine rechtsgültige Einigung nicht besteht (Staudinger, 1926, Bd. III S. 1207 β), so ist auch eine eingetragene Zwangs- oder Arresthypothek schlechthin nichtig, wenn ihr ein gültiger Vollstreckungstitel oder Arrestbefehl nicht zugrunde liegt.

Eine Arresthypothek soll nur auf Grund eines Arrestbefehls eingetragen werden; die Arresthypothek wurde aber ohne Arrestbefehl eingetragen. Es ist also unter Verletzung gesetzlicher Vorschriften eine Eintragung vorgenommen worden, durch die das Grundbuch unrichtig geworden ist. Erfährt das Grundbuchamt von dieser Sachlage, so hat es nach § 54 Abs. 1 Satz 1 GBO. einen Amtswiderspruch einzutragen, auch dann, wenn, wie hier, das Grundbuchamt bei der unrichtigen Eintragung ein Verschulden nicht trifft (Meikel-Imhof, S. 530 Anm. δ). Eine ihrem Inhalt nach unzulässige Eintragung im Sinne des § 54 Abs. 1 Satz 2 GBO. liegt hier nicht vor, eine Löschung von Amts wegen kommt daher nicht in Frage; s. auch Stein-Jonas, § 867 Anm. III 6 am Ende und Anm. V 4 am Ende. Die Eintragung hätte etwa zu lauten: „Widerspruch von Amts wegen gegen das Bestehen der Arresthypothek des Wein zu 400 *RM* zum Schutze des Eigentümers Frank, weil die Eintragung der Hypothek wegen der inzwischen erfolgten Aufhebung des Arrestbefehls nicht mehr zulässig war (siehe DAfGBA. S. 399, Nr. 2).

Der Antrag des Wein war daher auf jeden Fall abzuweisen. Der Pfändungsbeschluß und dessen Zustellung konnten hier keine Wirkung äußern, da zur Zeit der Erlassung des Pfändungsbeschlusses, am 7. Februar 1927, ein Pfandgegenstand nicht mehr bestand, nachdem der Arrestbefehl schon am 3. Februar 1927 aufgehoben worden war. Gutgläubiger Erwerb kann nicht in Frage kommen, da § 892 BGB. nur für rechtsgeschäftlichen Erwerb, nicht für Erwerb im Wege der Zwangsvollstreckung gilt.

Dagegen ist der Antrag Frank zu vollziehen. Sein Antrag ist als Berichtigungsantrag zu bewerten, die Unrichtigkeit des Grundbuchs ist nach §§ 22, 29 GBO. durch die Vorlage des Urteils vom 3. Februar 1927 nachgewiesen. An und für sich wäre nach § 54 Abs. 1 GBO. gegen das Bestehen der Arresthypothek zuvor, wie oben erwähnt, ein Amtswiderspruch einzutragen; da aber des weiteren dann die Arresthypothek antragsgemäß doch sofort zu löschen wäre, kann die Zwischeneintragung als überflüssig wohl unterbleiben.

Sollte mit Stein-Jonas (s. oben II am Ende) angenommen werden, daß die Pfändung schon mit Zustellung des Pfändungsbeschlusses an Schuldner erfolgt, so wäre die Rechtslage doch die gleiche; denn die Pfändung wäre wirkungslos, da das „angeblich bestehende" gepfändete Recht in Wahrheit nicht besteht; s. Stein-Jonas, § 829 Anmerkung IV 1.

Nr. 4.

Staatsprüfung 1928, Frühjahr I. Abt. 2. Aufgabe.

A.

I.

Ein Veräußerungsvertrag setzt sich aus Grund-Verpflichtungsvertrag und aus Leistungs-Erfüllungsvertrag zusammen.

Der Grundvertrag ist hier das Ausstattungsversprechen nach § 1624 BGB. Da dieses Versprechen das den Umständen, insbesondere den Vermögensverhältnissen der Eltern, entsprechende Maß offenbar nicht übersteigt, gilt es nicht als Schenkungsversprechen, es bedarf also nicht der Form des § 518 BGB. Dagegen hätte es, da es die Verpflichtung zur Eigentumsübertragung eines Grundstücks zum Inhalte hat, der Form des § 313 BGB. bedurft. Da diese Form nicht beachtet wurde, ist das Grundgeschäft nach § 125 BGB. nichtig.

Stein hat sodann das Grundstück Pl.-Nr. 9 in Felden vor dem Grundbuchamte Felden an seine Tochter Anna aufgelassen; dabei ist er als Veräußerer im eigenen Namen und als Erwerber im Namen seiner Tochter aufgetreten.

An und für sich war Stein zur Vertretung seiner Tochter berechtigt. Denn diese ist noch minderjährig, steht also nach §§ 1626, 1627 BGB. noch unter elterlicher Gewalt, diese umfaßt nach § 1630 BGB. auch die Vertretung des Kindes. Die Ehe der Tochter steht dieser Vertretungsmacht hier nicht entgegen. Zwar wird die elterliche Gewalt über eine minderjährige Tochter, die verheiratet ist und im gesetzlichen Güterstand lebt, nach §§ 1633, 1363, 1373 ff. GBG. durch die Rechte des Ehemanns eingeschränkt; besteht aber Gütertrennung, so stehen dem Ehemann diese Rechte nicht zu, die Tochter hat hier die Stellung einer unverheirateten Frau; s. Planck (1906) § 1633 Anm. 2. In bezug auf die gesetzliche Vertretung der Anna Stein durch ihren Vater ist es also so anzusehen, als ob sie unverheiratet wäre.

Der Rechtswirksamkeit der Auflassung steht aber § 181 BGB. entgegen. Hienach ist Selbstkontrahieren nur möglich, wenn das Rechtsgeschäft ausschließlich in der Erfüllung einer Verbindlichkeit besteht; diese Beschränkung gilt nach § 1630 Abs. 2 mit § 1795 Abs. 2 auch für den gesetzlichen Vertreter. Da aber das Grundgeschäft nichtig ist, besteht die Auflassung des Vaters nicht in der Erfüllung einer Verbindlichkeit, eine moralische Verpflichtung allein genügt nicht. Die Auflassungserklärung war daher unwirksam.

Das Grundbuchamt hätte die Vertretungsmacht des Stein prüfen (Meikel-Imhof vor § 18 Anm. 2 c) und den Antrag auf Umschreibung abweisen sollen.

Zwar wird nach § 313 Satz 2 BGB. ein wegen Formmangels nichtiges Grundgeschäft durch nachfolgende Auflassung und Eintragung geheilt. Voraussetzung ist aber, daß die Auflassung ihrerseits rechtswirksam ist, und das ist nicht der Fall. Das Grundgeschäft ist und bleibt also nach § 313 Satz 1 BGB. ungültig, und weil daher in der Auflassung nicht die Erfüllung einer Verbindlichkeit liegt, ist diese wegen des § 181 BGB. unwirksam.

Da zum Eigentumswechsel nach §§ 873, 925 BGB. Auflassung und Eintragung erforderlich sind, hier aber die Eintragung auf die Tochter Anna trotz unwirksamer Auflassung erfolgte, ist ein Eigentumswechsel nicht eingetreten, durch die doch erfolgte Eintragung ist das Grundbuch unrichtig geworden. Die Eintragung eines Amtswiderspruchs nach § 54 GBO. wäre daher geboten.

Die Unwirksamkeit der Auflassung ist allerdings nur eine schwebende im Sinne des § 177 BGB.; erfolgt entsprechende Genehmigung nach § 184 BGB., so wird die Auflassung rückwirkend wirksam und damit das Grundbuch richtig, zumal (RGRKomm., 1928, § 873 Anm. 7c Seite 45 oben) die Einigung der Eintragung zeitlich nachfolgen kann; damit wäre dann auch das Grundgeschäft nach § 313 Satz 2 BGB. geheilt.

Übrigens hat das Grundbuchamt auch gegen Art. 12 AG.z.GBO. gefehlt. Zur Entgegennahme der Auflassung war es zwar nach § 925 BGB. befugt, wenn auch die Auflassungen auf Grund des Art. 143 EG.z.BGB. und Art. 81 AG.z.BGB. in Bayern regelmäßig vor dem Notar beurkundet werden. Die Auflassung hätte es aber nach § 98 GBO. mit Art. 12 AG.z.BGB. erst nach Vorlage des Grundgeschäftes entgegennehmen sollen, zu dessen Beurkundung nach Art. 141 EG.z.BGB. mit Art. 167 AG.z.BGB. in Bayern die Notare allein befugt sind. Übrigens handelt es sich hier nur um eine Ordnungsvorschrift; wäre die Auflassung an sich wirksam gewesen, so wäre das Grundgeschäft nach § 313 Satz 2 BGB. gültig geworden, trotz Nichtbeurkundung und Nichtvorlage.

II.

Wäre die Tochter Eigentümerin des Grundstücks geworden und wäre durch das Urteil vom 15. Mai 1928 lediglich die Nichtigkeit der Forderung festgestellt worden, so hätte sich die Hypothek des Ruch in eine Grundschuld des Vaters Stein nach §§ 1163, 1177 BGB. verwandelt; denn die Grundschuld steht dem zu, der zur Zeit der Bestellung der Hypothek Eigentümer des Grundstücks war (Planck, 1920, § 1163 Anm. 3 d). Es würde dann die Frage entstehen: Könnte der Vater in der in der Aufgabe erwähnten Weise diese Grundschuld an seine Tochter übereignen? Es liegt hier einerseits ein formloses und daher nichtiges Schenkungsversprechen, anderseits ein Insichgeschäft vor. Wird zwischen Vater und Kind zuerst ein formloser Schenkungsvertrag, sodann später der Erfüllungsvertrag geschlossen, so kann ein vierfacher Tatbestand vorliegen:

1. Beide Verträge werden zwischen Vater und Kind persönlich abgeschlossen. Der Verpflichtungsvertrag ist vorerst wegen § 518 BGB. nichtig; der Erfüllungsvertrag ist aber als abstraktes Rechtsgeschäft gültig; dadurch wird nach § 518 Abs. 2 BGB. auch der Verpflichtungsvertrag geheilt.

2. Der Verpflichtungsvertrag ist ein Insichgeschäft des Vaters, der Erfüllungsvertrag wird zwischen Vater und

Kind geschlossen. Der Verpflichtungsvertrag ist vorerst nicht nur nach § 518 BGB. nichtig, sondern auch nach §§ 181, 1630 Abs. 2 und 1795 Abs. 2 BGB. unwirksam; der Erfüllungsvertrag ist gültig; durch ihn wird nicht nur die Nichtigkeit des Verpflichtungsvertrages geheilt, sondern auch, da in der Vornahme des Erfüllungsgeschäftes durch das Kind eine stillschweigende Genehmigung des Verpflichtungsvertrages nach § 184 BGB. liegt, dessen schwebende Unwirksamkeit.

3. Der Verpflichtungsvertrag wird zwischen Vater und Kind geschlossen, der Erfüllungsvertrag ist ein Insichgeschäft des Vaters. Insoweit liegt hier der Tatbestand wie oben unter A. I. vor. Der Verpflichtungsvertrag ist aus § 518 BGB. nichtig; der Erfüllungsvertrag ist unwirksam nach §§ 181, 1630, 1795 BGB., da er nicht in der Erfüllung einer Verbindlichkeit besteht; da nur ein *wirksamer* Erfüllungsvertrag das nichtige Grundgeschäft zu heilen vermag, bleibt dieses nach wie vor nichtig.

4. Sowohl Verpflichtungs- wie Erfüllungsvertrag ist ein Insichgeschäft des Vaters. Der Verpflichtungsvertrag ist nichtig aus § 518 BGB. und unwirksam aus §§ 181, 1630, 1795 BGB.; der Erfüllungsvertrag ist unwirksam aus den gleichen Gründen; der unwirksame Erfüllungsvertrag vermag den fehlerhaften Verpflichtungsvertrag weder gültig noch wirksam zu machen.

Diese Grundsätze gelten in gleicher Weise für Rechtsgeschäfte nach § 873 BGB., bei denen zur Rechtsänderung neben der Einigung, dem Erfüllungsgeschäfte, noch die Eintragung in das Grundbuch erforderlich ist; erfolgt die Eintragung = Umschreibung auf den Erwerber bei unwirksamer und nicht heilbarer Einigung, so wird hier das Grundbuch unrichtig.

Zwar sagt Planck, 1913, § 181 Anm. 2 a. E., daß aus der dem Gewalthaber dem Kinde gegenüber gegebenen Stellung gefolgert werden dürfe, daß er zu Schenkungen an das Kind der Mitwirkung anderer Personen nicht bedürfe, und Warneyer 1923 § 181 Anm. III sagt: „§ 181 BGB. ist zwar nicht auszudehnen auf Rechtsgeschäfte, die dem Vertretenen lediglich einen Vorteil bringen; § 181 steht aber der Befugnis des Vaters nicht entgegen, Schenkungen an sein Kind rechtsgültig vorzunehmen." Aus dem Urteil des Reichsgerichtes vom 25. Sept. 1932 (Deutsche Richterzeitung 1932, Rechtsprechung S. 642) ist aber hiezu im Gegensatz zu entnehmen, daß § 181 BGB. für das Selbstkontrahieren des Vaters keine Ausnahme zuläßt.

Hier ist nun Tatbestand Nr. 4 gegeben. Selbst wenn daher eine Grundschuld des Stein entstanden wäre, könnte eine rechtswirksame schenkungsweise Abtretung in der gewählten Weise nicht erfolgen; das Grundbuchamt hätte daher nach § 18 GBO. den Antrag abzuweisen oder zum mindesten eine Zwischenverfügung zu erlassen zwecks Beibringung der Genehmigung der Tochter nach § 184 BGB.

III.

Nun ist aber hier eine Eigentümergrundschuld gar nicht entstanden, vielmehr ist ein dingliches Recht überhaupt nicht zur Entstehung gelangt. Nach § 138 BGB. ist nicht nur das Versprechen, sondern auch das Gewähren von Vermögensvorteilen nichtig, also nicht nur die Forderung, sondern ausnahmsweise auch die Leistung; die Bestellung der Hypothek ist aber ein solches Gewähren von Vermögensvorteilen; s. RGRKomm., 1928, § 113 Anm. 2.

Vater Stein konnte daher unter Bezugnahme auf die vorgelegte Urteilsausfertigung lediglich Berichtigung dahin verlangen, daß die zu Unrecht eingetragene und nicht bestehende Hypothek gelöscht werde.

B.

I.

Bei der Auflassungsurkunde vom 31. Mai 1928 hat das Grundbuchamt die Vertretungsmacht der Beteiligten zu prüfen; Meikel-Imhof vor § 18 Anm. 2 c.

Bei Stein ergibt sie sich aus seiner Stellung als gesetzlichen Vertreters seiner Tochter; Genehmigung des Vormundschaftsgerichtes nach §§ 1821 Ziff. 4 und 1643 BGB. liegt vor.

Wie bei Aktiengesellschaften der Nachweis der Vertretungsberechtigung des Vorstandes nach § 33 GBO. durch ein Zeugnis des Handelsregisters geführt werden soll, so beim rechtsfähigen Verein nach § 69 BGB. durch ein Zeugnis des Vereinsregisters.

Hier aber handelt es sich um einen noch nicht eingetragenen und daher noch nicht rechtsfähigen Verein (§ 21 BGB.). Auf diesen finden nach § 54 die Vorschriften über die Gesellschaft Anwendung, also die Vorschriften der §§ 705 ff.; denn der Verein ist eine Gesellschaft mit korporativer Verfassung.

Es müssen daher an sich alle Gesellschafter (Mitglieder) die Auflassungserklärung abgeben; wollen die Geschäftsführer (Vorstand) nach §§ 710, 714 die übrigen Gesellschafter (Mitglieder) bei der Auflassung vertreten, so ist deren aller Vollmacht in Form des § 29 GBO. vorzulegen.

Nachdem nun aber hier der Verein von dem Vorstand schon ordnungsgemäß zur Eintragung angemeldet worden ist, kann unter Umständen angenommen werden, daß die Vertretungsbefugnis der drei Vorstände dem GBA. nach § 29 Satz 2 GBO. offenkundig ist.

II.

Ein rechtsfähiger Verein kann als solcher in das Grundbuch mit der Bezeichnung: „e. V." eingetragen werden; Meikel-Imhof, S. 39.

Beim nichtrechtsfähigen Verein sind nach § 48 GBO. alle Mitglieder als Eigentümer zur Gesamthand einzutragen.

Bei großer Mitgliederzahl und dementsprechend raschem Mitgliederwechsel können nach DAfGBA. § 273 Abs. 2 „Die jeweiligen Mitglieder des nicht rechtsfähigen Vereins X, Miteigentümer zur gesamten Hand" eingetragen werden, jedoch wird diese Ansicht vom RG. 127, 309 mißbilligt.

Auf keinen Fall aber kann, wie beantragt wurde, der „Turnverein Felden, nicht rechtsfähiger Verein" ins Grundbuch als Eigentümer eingetragen werden. Der Antrag wurde mit Recht zurückgewiesen.

III.

Gegen Abweisungen ist nach § 71 GBO. Beschwerde zulässig.

Im Gegensatz zu § 20 FGG. enthält die GBO. keine Bestimmung darüber, wer beschwerdeberechtigt ist. Nach übereinstimmender Ansicht ist aber jeder beschwerdeberechtigt, der durch die Entscheidung des GBA. betroffen ist, und der deshalb an ihrer Beseitigung ein rechtliches Interesse hat; Meikel-Imhof, S. 583, 4. Nach Güthe-Triebel § 71 Anm. 18 deckt sich der Begriff der Beeinträchtigung mit dem Begriff der Antragsberechtigung nach § 13, Abs. 2 GBO.

Demnach ist Stein als gesetzlicher Vertreter seiner Tochter als Veräußerin und der Vorstand des Vereins, dem das Grundstück übertragen werden soll, ohne weiteres beschwerdeberechtigt. Nicht dagegen der Ehemann Guth, der, da er in Gütertrennung lebt, von der Verwaltung des Vermögens der Frau ausgeschlossen ist. Der Notar endlich kann nicht im eigenen Namen, sondern nur dann Beschwerde einlegen, wenn er nach § 15 GBO. die Eintragung allein beantragt oder zum mindesten den etwa von den übrigen Antragsberechtigten gestellten Antrag wiederholt hat, oder wenn ihm diese mündlich oder schriftlich Vollmacht zur Beschwerde erteilt haben; Güthe-Triebel, § 15 Anm. 22; § 80 Anm. 5. Daß eine dieser Voraussetzungen hier vorliegt, hat aber der Notar nicht dargetan und ist auch sonst nicht ersichtlich.

Das Landgericht als Beschwerdegericht hat daher die Beschwerden des Guth und des Notars als unzulässig, jene des Stein und des Vorstands des Turnvereins als unbegründet zurückzuweisen. Von den Kosten der Beschwerde ist jedem 1/4 zur Last zu legen.

C.

Es soll des weiteren offenbar geprüft werden, ob auch die unter II Ziff. 1 bis 4 der Aufgabe enthaltenen Erklärungen und Anträge zu Beanstandungen Anlaß gaben, um so mehr als bei Wiedervorlage der ergänzten und berichtigten Urkunde auch diese Anträge jedenfalls wiederholt werden; bei dem rechtlichen und wirtschaftlichen Zusammenhang der in der Urkunde gestellten Anträge ist die stillschweigend erklärte Bestimmung der Antragsteller anzunehmen, daß nach § 16 Abs. 2 GBO. kein Antrag ohne den anderen vollzogen werden solle.

I.

Zur Sicherung des Kaufpreisteiles zu 2000 *RM* konnte nach § 1113 zweifellos Hypothek bestellt werden; im Zweifel ist Antrag auf Bestellung einer Briefhypothek anzunehmen; nachdem hier nach § 1116 Abs. 3 ausdrücklich die Eintragung einer Buchhypothek bewilligt und beantragt war, war eine solche einzutragen.

II.

Die restigen 8000 *RM* waren in Jahresraten zu je 400 *RM* zu zahlen. In der Regel wird zwar zur Sicherung auch in Raten zu zahlender Forderungen eine Hypothek bestellt, es steht aber nichts im Wege, für diese wiederkehrenden Leistungen eine Reallast nach § 1105 zu bestellen. Die Reallast ist ein selbständiges dingliches Recht, das, ähnlich der Grund- und Rentenschuld, von dem ihr zugrunde liegenden schuldrechtlichen Kausalgeschäft unabhängig ist; ihr Rechtsgrund konnte daher sehr wohl auf einem Kaufvertrage beruhen. Zeitliche Begrenzung der Leistungen steht der Bestellung einer Reallast nicht entgegen; RGRKomm., 1928, § 1105 Anm. 6. — Nach Art. 115 EG.z.BGB. und Art. 85 AG.z.BGB. mußte früher eine Ablösungssumme bestimmt werden, ähnlich wie dies nach § 1199 bei der Rentenschuld der Fall ist. Auf Grund des bayer. Ges. vom 11. April 1923 (GVBl. S. 147) bestimmen die Vollzugsvorschriften vom 17. April 1923, daß bis auf weiteres ein Geldbetrag, durch dessen Zahlung der Eigentümer die Reallast ablösen kann, nicht mehr bestimmt zu werden braucht. Eine Ablösungssumme muß daher nunmehr nicht mehr bestimmt werden, sie kann aber bestimmt werden.

III.

Selbstredend kann ein Nießbrauch oder ein sonstiges dingliches Nutzungsrecht an den Obstbäumen selbst nicht bestellt werden, da diese nach § 93 wesentliche Bestandteile des Grund und Bodens sind, solche Bestandteile aber nicht Gegenstand besonderer Rechte sein können. Es war aber offenbar die Bestellung des Nießbrauches am Grundstück selbst gewollt.

Hier ist nun zu unterscheiden: Der Nießbrauch umfaßt nach § 1030 Abs. 1 im Zweifel die sämtlichen Nutzungen der Sache, hier des Grundstücks, allerdings kann er nach § 1030 Abs. 2 durch Ausschluß einzelner Nutzungen beschränkt werden. Der Nießbrauch kann aber nicht von vornherein auf einzelne Nutzungen beschränkt werden; wollen nur solche einzelne Nutzungen gewährt werden, so ist nach Planck, 1920, § 1030 Anm. 2 nicht die Bestellung eines Nießbrauchs, sondern einer begrenzten persönlichen Dienstbarkeit nach § 1090 am Platze. Dafür spricht auch, daß nach § 868 beim Nießbrauch unmittelbarer Besitz der Sache vorausgesetzt wird, während hier offenbar der Verein unmittelbarer Besitzer des Grundstücks werden und bleiben soll; s. auch Planck, § 1090 Anm. 3a und vor § 1090 Anm. 1.

IV.

Obwohl der nicht rechtsfähige Verein keine juristische Person ist, ist er ihr doch dadurch genähert, daß er nach § 50 Abs. 2 ZPO. verklagt und daß nach § 735 ZPO. (im Gegensatz zu § 736) in das Vereinsvermögen vollstreckt werden kann.

Wegen des Anspruchs aus der Hypothek kann er sich daher nach § 794 Ziff. 5 ZPO. der sofortigen Zwangsvollstreckung unterwerfen; diese Unterwerfung wirkt aber nur gegen den Verein und seinen allgemeinen Rechtsnachfolger; damit der Vollstreckungstitel gegen den jeweiligen Eigentümer des Grundstückes wirke, wäre Unterwerfung und Eintragung im Grundbuch nach § 800 ZPO. erforderlich.

Bei der Hypothek kann sowohl wegen des Kapitals wie wegen der Zinsen Unterwerfung unter die sofortige Zwangsvollstreckung vereinbart werden, und zwar sowohl die persönliche Unterwerfung nach § 794 Ziff. 5 ZPO. wie auch die dingliche Unterwerfung nach § 800 ZPO. In letzterem Fall muß nach § 800 ZPO. ausdrücklich vereinbart werden, daß die Zwangsvollstreckung aus der Urkunde gegen den jeweiligen Eigentümer des Grundstücks zulässig sein soll, die Unterwerfung bedarf in diesem Falle der Eintragung in das Grundbuch. Aus dem Antrag auf Eintragung der Unterwerfung in das Grundbuch kann zwar angenommen werden, daß dingliche Unterwerfung vereinbart werden wollte, es fehlt aber an einer solchen ausdrücklichen Vereinbarung. Die Urkunde ist daher zu ergänzen.

Bei der Reallast ist zwischen der Ablösungssumme und den einzelnen Leistungen zu unterscheiden.

Wegen der Ablösungssumme kann hier, da es sich um die Zahlung einer bestimmten Geldsumme handelt, eine vollstreckbare Urkunde aus § 794 Ziff. 5 Satz 1 (nicht etwa Satz 2) errichtet werden; dagegen ist dingliche Unterwerfung, also eine Urkunde aus § 800 ZPO., ausgeschlossen, weil dort nur Hypotheken, Grund- und Rentenschulden genannt sind.

Wegen der einzelnen Leistungen kann Unterwerfung aus § 794 Ziff. 5 Satz 1 ebenfalls vereinbart werden. Eine Unterwerfung hiewegen auch nach § 800 ZPO. hält Planck (1920) Bd. III S. 743 Anm. o wohl mit Recht für zulässig, da nach § 1107 BGB. auf die einzelnen Leistungen die für die Hypothekenforderungszinsen geltenden Leistungen entsprechende Anwendung finden, für letztere aber § 800 ZPO. gilt. Dagegen allerdings Staudinger, 1926, § 1107

Anm. 2 b; RGRKomm., 1928, § 1107 Anm. 2; Stein-Jonas 1926 § 800 Anm. I 1 a. E.; BayObLG. 11, 577.

Wegen der Leistungen aus dem Nießbrauch kann eine Unterwerfung nach §§ 794 und 800 ZPO. nicht vereinbart werden, da es sich hier nicht um die Leistung einer bestimmten Quantität vertretbarer Sachen handelt.

D.

Kann im Grundbuch eine Umschreibung eines nichtrechtsfähigen Vereins auf den rechtsfähig gewordenen ohne Auflassung erfolgen?

1. Man kann sagen: Der eingetragene Verein ist eine juristische Person, er ist ein anderes Rechtssubjekt als die bisherigen Mitglieder, die bisher Gesamteigentümer des Grundstücks waren. Soll daher das Eigentum von diesen auf die neue juristische Person umschrieben werden, so ist dazu Einigung in Form der Auflassung und Eintragung nach §§ 873, 925 erforderlich.

2. Es kann aber auch gesagt werden: Trotz dieser Verwandlung findet eine Rechtsnachfolge zwischen den beiden Parteien nicht statt, da der bisher nicht (im Register) eingetragene Verein und der nunmehr dort eingetragene Verein identisch sind. Die Eigentumsübertragung vollzieht sich außerhalb des Grundbuchs kraft Gesetzes, einer Auflassung bedarf es nicht, die Umschreibung auf den eingetragenen Verein hat nicht die rechtliche Natur einer rechtsändernden, sondern einer rechtsberichtigenden Eintragung, sie erfolgt nach §§ 13, 22, 29 GBO., die Unrichtigkeit des Grundbuchs wird durch den Eintrag im Vereinsregister, das eine öffentliche Urkunde ist, nachgewiesen.

Dieser Ansicht Staudinger (1925) § 21 Anm. B, VIII; Meikel-Imhof § 274 Anm. e; Jäckel-Güthe § 20 Anm. 19 am Ende.

Nr. 5/6.

Staatsprüfung 1928, Frühjahr I. Abt. 9. Aufgabe.

Die Zivilkammer des Landgerichts Felden, gebildet durch den Landgerichtsdirektor Streng als Vorsitzenden und die Landgerichtsräte Klug und Scharf als Beisitzer, erläßt in der Sache Dorn Karl, Privatmann in Felden, Kläger und Widerbeklagter, vertreten durch den Prozeßbevollmächtigten RA. Dr. Wolf in Felden

gegen

1. Eder Ernst und Eva, Kaufmannseheleute in Felden,
2. die offene Handelsgesellschaft „Ernst und Eva Eder, Schnittwarengeschäft" in Felden, gesetzlich vertreten durch die Gesellschafter, nämlich die unter 1. genannten Eheleute Eder,
3. Jung Peter, Holzhändler in Dorfen,
4. Kamm Georg, Sägwerksbesitzer in Buch, AG. Dorfen,

Beklagte, Jung Peter auch als Wiederkläger, vertreten durch den Prozeßbevollmächtigten RA. Dr. Fuchs in Felden,

wegen Grundbuchberichtigung

auf Grund der mündlichen Verhandlung vom 8. Juni 1928 folgendes

Endurteil:

I. Die Beklagten Ernst und Eva Eder, Kaufmannseheleute in Felden, und die Beklagte, offene Handelsgesellschaft „Ernst und Eva Eder, Schnittwarengeschäft" in Felden sind samtverbindlich schuldig, das Eigentum des Klägers an dem Grundstücke Hs.-Nr. 10 in Felden anzuerkennen und die dementsprechende Berichtigung des Grundbuchs zu bewilligen.

II. Der Beklagte Ernst Eder ist schuldig, das Eigentum des Klägers an dem Grundstück Pl.-Nr. 150 in Felden anzuerkennen und die entsprechende Berichtigung des Grundbuchs zu bewilligen.

III. Die Beklagte Eva Eder ist schuldig, das Eigentum des Klägers an dem Grundstück Pl.-Nr. 151 Felden anzuerkennen und die dementsprechende Berichtigung des Grundbuchs zu bewilligen.

IV. Die Beklagten Ernst und Eva Eder sind samtverbindlich schuldig, das Eigentum des Klägers an dem Grundstück Pl.-Nr. 196 in Felden anzuerkennen und die dementsprechende Berichtigung des Grundbuchs zu bewilligen.

V. Der Beklagte Peter Jung ist schuldig, das Eigentum des Klägers an den Grundstücken Pl.-Nr. 197 und 198 in Felden anzuerkennen und die dementsprechende Berichtigung des Grundbuchs zu bewilligen.

VI. Der Beklagte Georg Kamm ist schuldig, das Eigentum des Klägers an dem Grundstück Pl.-Nr. 210 in Felden anzuerkennen und die dementsprechende Berichtigung des Grundbuchs zu bewilligen.

VII. Im übrigen wird die Klage abgewiesen.

VIII. Die Widerklage wird abgewiesen.

IX. Das Urteil ist gegen Sicherheitsleistung des Klägers in Höhe von 22000 *RM* vorläufig vollstreckbar.

Entscheidungsgründe.

A.

I. Kläger behauptet, Eigentümer an den von Fritz Dorn herstammenden Grundstücken zu sein. Dem Eigentümer stehen drei Arten von Klagen zu. Einmal kann der nicht besitzende Eigentümer gegen den besitzenden Nichteigentümer mit der rei vindicatio des § 985 BGB. vorgehen. Ferner kann der sonst in seinem Eigentum beeinträchtigte Eigentümer von dem Störer mit der actio negatoria des § 1004 BGB. die Beseitigung der Beeinträchtigung verlangen; einen Sonderfall des negatorischen Anspruchs bildet der Anspruch des Eigentümers auf Zustimmung = Eintragungsbewilligung zur Grundbuchberichtigung nach § 894 BGB. Beide Klagen sind Leistungsklagen, die Zwangsvollstreckung aus der ersten Klage erfolgt nach § 885 Abs. 1 ZPO., die aus der zweiten Klage nach § 894 ZPO. Da die Vindikation und der negatorische Anspruch nach §§ 985, 1004 BGB. nur auf Herausgabe der Sache oder auf Beseitigung der begangenen oder Unterlassung weiterer Beeinträchtigungen gerichtet sind, nach § 322 ZPO. nur hierüber rechtskräftig entschieden wird, den Prozeßgegenstand bei diesen Klagen also nur der einzelne Eigentumsanspruch, nicht das Eigentum selbst bildet, bleibt neben diesen beiden Leistungsansprüchen noch Raum für die Eigentumsfeststellungsklage des § 256 ZPO. (RGRKomm., 1928, vor § 985 Anm. 2; Planck, 1920, vor § 985 Anm. 6); der Klagantrag hat hier als seinen Gegenstand die Feststellung zu bezeichnen; die vielfach noch übliche Fassung, den Beklagten zur Anerkennung des Rechtes zu verurteilen, entspricht nicht dem Gesetze, denn sie ist an sich die einer Verurteilungsklage nach § 894 ZPO. (Stein-Jonas, 1925, § 256 Anm. IV 2 b).

Kläger hat, obwohl er nach seiner Sachdarstellung dazu in der Lage gewesen wäre, die Vindikationsklage nicht gestellt. Er hat bezüglich der in Frage kommenden Grundstücke den Antrag gestellt, die Beklagten zu verurteilen „das Eigentum des Klägers anzuerkennen und die dementsprechende Berichtigung des Grundbuchs zu bewilligen". Daß damit auf jeden Fall die negatorische Klage nach §§ 1004, 894 BGB. gestellt werden wollte, ist klar und wird von den Beklagten auch nicht bestritten. Sie wenden aber ein, der Klageantrag lasse nicht klar erkennen, ob neben dieser Leistungsklage noch die Feststellungsklage (in der von Stein-Jonas bemängelten Fassung) erhoben werden wollte; es fehle an der Bestimmtheit des Klageantrages, eine Feststellungsklage sei unzulässig.

Darauf ist zu erwidern: Wäre neben der Berichtigungsklage die Feststellungsklage erhoben worden, so wäre dies zulässig gewesen, s. oben. Es wollte aber offenbar nur die Berichtigungsklage erhoben werden; die hiefür gewählte Fassung ist in folgendem begründet: Bei der persönlichen Klage auf Eigentumsübertragung = Eigentumsänderung, die sich regelmäßig auf eine Verpflichtung nach § 313 BGB. stützt, ist Verurteilung auf „Auflassung" nicht unbedingt nötig, es genügt Verurteilung auf „Eintragungsbewilligung" (RGRKomm. § 925 Anm. 13). Auch bei der Klage auf Eigentumsberichtigung nach §§ 1004, 894, die sich auf das Eigentum selbst stützt, geht der Urteilstenor nach § 894

BGB., § 19 GBO. auf Eintragungszustimmung oder Eintragungsbewilligung. Auf Grund des ersten Urteils kann das Grundbuchamt die Umschreibung nur vornehmen, wenn des weiteren noch die Auflassungserklärung des Klägers = Erwerbers vorgelegt wird, auf Grund des zweiten Urteils dagegen erfolgt die Umschreibung lediglich auf Grund Antrags des Klägers = des schon bisherigen wahren Eigentümers. Damit nun bei einem Urteilstenor, der auf Eintragungsbewilligung schlechtweg lautet, das Grundbuchamt ohne weiteres ersehen kann, ob es sich um eine Rechtsänderungs- oder um eine Rechtsberichtigungsklage handelt, ist es üblich, bei den zweitgenannten Urteilen die Fassung zu wählen „den Beklagten zu verurteilen, anzuerkennen, daß dem Kläger das Eigentum am Grundstück zusteht, und demgemäß zu bewilligen, daß Kläger als Eigentümer eingetragen wird (RGRKomm. § 894 Anm. 3 zweite Hälfte; Staudinger, 1926, § 894 S. 265 oben; RJA. 9, 205). Mit einer Feststellungsklage nach § 256 ZPO. hat also diese Verurteilung auf Anerkennung nichts zu tun. Hier geht zwar der Klagsantrag nicht auf Eintragung schlechtweg, sondern auf Eintragung der Berichtigung, und ist damit der Charakter der Klage als Berichtigungsklage schon gekennzeichnet; trotzdem ist die noch vorsorglich beantragte „Anerkennung" nicht zu beanstanden und die gestellte Klage lediglich als Berichtigungsklage zu bewerten.

II. Sachlich ist nach § 1 ZPO. und § 23 GVG. das Landgericht zuständig. Die Grundstücke liegen im Amtsgerichtsbezirk Felden; örtlich ist daher nach § 24 ZPO. das Landgericht Felden, und zwar ausschließlich, zuständig.

Auf den allgemeinen Gerichtsstand des Wohnsitzes der Beklagten nach § 13 ZPO. kommt es daher nicht an; die Einwendungen der Beklagten im Schriftsatz III, 1 sind daher nicht begründet. Ebensowenig die Behauptung des Klägers im Schriftsatz IV, 1 nach § 29 ZPO. sei hier der Gerichtsstand des Erfüllungsortes nach § 29 ZPO. gegeben; denn aus einem Vertrage zwischen den Streitteilen wird nicht geklagt. Auch der Gerichtsstand der Erbschaft nach § 27 ZPO. kommt nicht in Frage, denn es handelt sich nicht um eine Erbschaftsklage, die Erbfrage ist mit dem neuen Erbschein schon gelöst; vielmehr geht die Klage gegen Personen, welche behaupten, auf Grund eines Vertrages Eigentum erworben zu haben. Wären übrigens die Einwendungen der Unzuständigkeit begründet, so wäre nicht die Klage als unzulässig, sondern nur wegen Unzuständigkeit des Gerichtes abzuweisen.

B.

Es soll zuerst die Sach- und Rechtslage in der Richtung auf Hs.-Nr. 10, Pl.-Nr. 150 und Pl.-Nr. 151 geprüft werden.

I. Die Sachlage ist folgende:

1. Die Grundstücke waren ursprünglich auf Fritz Dorn als Eigentümer eingetragen.

2. Fritz Dorn starb am 15. August 1924. In dem notariellen Testament vom 25. Juni 1916 ist der Neffe Karl Dorn, in dem Privattestament vom 20. Dezember 1923, das später als gefälscht festgestellt wurde, ist an dessen Stelle der Neffe Franz Dorn als Alleinerbe eingesetzt worden. Auf Grund des zweiten Testamentes wurde am 15. August 1924 dem Franz Dorn ein Erbschein ausgestellt, auf Grund des Erbscheins wurden am 20. August 1924 die Grundstücke auf Franz Dorn umgeschrieben.

3. Franz Dorn schloß am 16. September 1924 mit seiner Ehefrau Eva einen notariellen Ehe- und Erbvertrag, in welchem sie allgemeine Gütergemeinschaft vereinbarten und sich gegenseitig zu Erben einsetzten. Am 25. September 1924 wurden darauf die Grundstücke auf Franz und Eva Dorn als Miteigentümer (eigentlich Gesamteigentümer) in allgemeiner Gütergemeinschaft umgeschrieben.

4. Franz Dorn starb am 28. Dezember 1926. Auf Grund des Ehe- und Erbvertrags unter 3. wurde er von seiner Witwe beerbt. Die Grundstücke wurden auf sie als Alleineigentümerin am 10. Januar 1927 umgeschrieben.

5. Eva Dorn verehelichte sich am 15. November 1927 mit dem Kaufmann Ernst Eder, beide vereinbarten mit no-

tariellem Vertrage vom 16. November 1927 allgemeine Gütergemeinschaft. Am 30. November 1927 wurden die Grundstücke auf beide in allgemeiner Gütergemeinschaft umgeschrieben.

6. Mit der unter 5. genannten Urkunde gründeten die beiden Eheleute des weiteren eine offene Handelsgesellschaft „Ernst und Eva Eder, Schnittwarengeschäft in Felden", legten in die Gesellschaft das Geschäft und Hs.-Nr. 10 ein und ließen das Grundstück an die Gesellschaft auf. Die Gesellschaft wurde am 25. November 1927 in das Handelsregister eingetragen, Hs.-Nr. 10 wurde, nachdem es am 30. November 1927 auf die Eheleute Eder in allgemeiner Gütergemeinschaft berichtigt worden war (s. 5), am selben Tage auf die offene Handelsgesellschaft umgeschrieben.

7. Mit notariellem Vertrag vom 15. Februar 1928 vereinbarten die Eheleute Eder, daß Pl.-Nr. 150 Vorbehaltsgut des Mannes und Pl.-Nr. 151 Vorbehaltsgut der Frau sein solle und erklärten zugleich die erforderlichen Auflassungen. Am 28. Februar 1928 wurde das Grundbuch entsprechend umgeschrieben, am 20. Februar 1928 die Vorbehaltsgutseigenschaft im Güterrechtsregister eingetragen.

II. Aus dem geschilderten Sachverhalt ergeben sich diese Rechtsfolgerungen:

1. Nach § 891 Abs. 1 GBO. ist Fritz Dorn als ursprünglicher Eigentümer der drei Grundstücke anzusehen.

2. Mit dem Tode des Fritz Dorn ist Karl Dorn auf Grund des Testaments vom 25. Juni 1916 Alleinerbe des Fritz Dorn und damit Alleineigentümer der drei Grundstücke geworden; §§ 1922, 1937, 1942 BGB. Auf Grund des gefälschten Testamentes vom 20. Dezember 1923 wurde aber nach §§ 2355 und 2356 Abs. 1 BGB. der Erbschein auf Franz Dorn ausgestellt, auf Grund dieses Erbscheins wurden nach §§ 22 Abs. 1 und 36 GBO. die Grundstücke auf Franz Dorn umgeschrieben. Selbstredend ist durch diese Ausstellung des Erbscheins und die Eintragung im Grundbuch Franz Dorn nicht Inhaber des Nachlasses und Eigentümer der Grundstücke geworden, Erbschein und Grundbuch sind unrichtig. Wohl aber bestand nunmehr die Möglichkeit,

daß Dritte, die sich auf die Richtigkeit des Erbscheins oder des Grundbuchs verließen, auf Grund der §§ 2366 oder 892 Abs. 2 BGB. Rechte von dem Nichtberechtigten erwerben konnten. Voraussetzung eines solchen Erwerbs war aber, daß der Erwerb ein rechtsgeschäftlicher war.

3.—5. Eva Dorn wurde bezüglich des einen Gesamteigentumsanteils an den drei Grundstücken auf Grund Ehevertrags, dann bezüglich des andern Anteils auf Grund Erbvertrags und Erbfolge, und sodann Ernst Eder wieder bezüglich eines Gesamteigentumsanteils auf Grund Ehevertrags im Grundbuch eingetragen. Ehevertrag und Erbfolge sind keine rechtsgeschäftlichen Erwerbsarten im Sinne des § 892 BGB., in diesen Fällen tritt der Erwerb kraft Gesetzes ein; auch soweit in diesen Fällen dem Erwerb ein Rechtsgeschäft zugrunde liegt, bei der ehelichen Gütergemeinschaft ein Ehevertrag und bei der Erbfolge ein Erbvertrag, erfolgt doch der Erwerb nicht „durch" ein solches Rechtsgeschäft; Planck (1920) § 892 Anm. II 1 d; RGRKomm. (1928) § 892 Anm. 4 Abs. 4; Staudinger (1926) § 892 S. 226 Anm. c. Ein Rechtserwerb nach § 892 BGB. kommt daher in diesen Fällen nicht in Frage, auch kein solcher nach § 2366 BGB., der gleichfalls Erwerb durch Rechtsgeschäft voraussetzt.

6. Die offene Handelsgesellschaft kann durch formlosen Vertrag gegründet werden, Eintragung in das Handelsregister ist zu ihrer Entstehung nicht erforderlich. Sie ist keine juristische Person, ihr Vermögen ist aber Gesamthandsvermögen nach § 105 Abs. 2 HGB. mit § 718 BGB. Daß daher die Übereignung eines Grundstücks an die Gesellschaft durch einen Dritten oder einen Gesellschafter der Auflassung und Eintragung nach §§ 873, 925 BGB. bedarf, ist selbstverständlich. Diese Form ist aber des weiteren nicht nur erforderlich, wenn alle Gesellschafter Miteigentümer eines Grundstücks sind und dieses an die offene Handelsgesellschaft übereignen wollen (Güthe-Triebel, 1929, § 20 Anm. 16), sondern auch dann, wenn sie Gesamteigentümer in Erbengemeinschaft oder allgemeiner Gütergemeinschaft sind und das ihnen bisher gehörende Grund-

stück übereignen wollen (RGRKomm. § 925 S. 233; Staudinger § 925 S. 393; Meikel-Imhof S. 273 Anm. b und S. 274 Anm. c). Allerdings bleiben in allen drei Fällen die Personen, denen das Eigentum zusteht, die gleichen; aber das Eigentum, das sie früher besessen haben, ist seinem Inhalte nach verschieden von dem, das sie jetzt erwerben; und auch darin liegt ein Eigentumswechsel.

Hier war also Auflassung erforderlich, es wurde daher durch Rechtsgeschäft erworben. Auch guter Glaube ist offenbar vorhanden. Trotzdem findet hier § 892 BGB. keine Anwendung. Denn der Schutz des § 892 BGB. soll nur einem fremden Erwerber zugute kommen, der sich auf die Richtigkeit des Grundbuchs verläßt. Hier aber findet nur eine Umschreibung der Anteilsrechte innerhalb der gleichen Personen statt, Veräußerer und Erwerber sind die gleichen Personen, eine Täuschung über etwa bestehende Unrichtigkeiten des Grundbuchs kann hier nicht in Frage kommen; s. RGZ. 117, 266.

7. Leben Eheleute in allgemeiner Gütergemeinschaft und soll ein Grundstück, das zum Gesamtgut gehört, Vorbehaltsgut eines Ehegatten werden, so ist nach § 1440 Abs. 2 Ehevertrag in der Form des § 1434 und des ferneren Auflassung und Eintragung nötig; Meikel-Imhof S. 274 Anm. c Abs. 2. Die erforderliche Form wurde in der notariellen Urkunde vom 15. Februar 1928 gewahrt. Pl.-Nr. 150 wollte von Ernst Eder, Pl.-Nr. 151 wollte von Eva Eder durch Rechtsgeschäft zu Alleineigentum erworben werden. Auch hier waren beide Ehegatten offenbar gutgläubig. Trotzdem kommt auch hier Erwerb nach § 892 BGB. nicht in Frage, da auch hier nicht ein fremder Dritter erworben hat, sondern die Vermögensverschiebung innerhalb des gleichen Personenkreises stattgefunden hat.

8. Die drei Grundstücke sind daher nach wie vor Eigentum des Karl Dorn geblieben.

III. Die rechtlichen Ausführungen des Vertreters des Klägers unter Schriftsatz II, viertletzter Absatz sind zum größten Teil abwegig. Richtig ist lediglich, daß Franz Dorn nicht Erbe des Fritz Dorn und demzufolge nicht Eigentümer der Grundstücke geworden ist. Unrichtig ist die Ansicht, daß Franz Dorn das Eigentum nicht mehr hätte übertragen können, weil er schlechtgläubig gewesen sei, und daß die anderen Personen das Eigentum nicht übertragen konnten, weil der schlechte Glaube des Franz Dorn auf sie als Rechtsnachfolger übergegangen sei. Abgesehen davon, daß der schlechte Glaube keine Rechtstellung ist, die sich auf den Rechtsnachfolger vererben kann, sondern ein tatsächlicher, höchst persönlicher Zustand, kommt es nach § 892 BGB. nicht auf den schlechten Glauben des Veräußerers, sondern den des Erwerbers an. Dieser war bei den Rechtsnachfolgern des Franz Dorn sicher nicht vorhanden, trotzdem ist aber Eigentumserwerb aus den unter II geschilderten Gründen nicht eingetreten. Hätte ein gutgläubiger Erwerb auf Grund des Erbscheins nach § 2366 BGB. wirklich stattgefunden, so hätte die nachträgliche Einziehung des Erbscheins den stattgefundenen Erwerb nicht mehr rückgängig machen können. Bei dem zweiten Erbschein ist Ursache und Wirkung verwechselt; er wurde auf Grund der nunmehr richtig ermittelten Erfolge ausgestellt, keinesfalls bildete er aber einen Rechtstitel für das Erbrecht des Karl Dorn.

IV. Ebenso unrichtig sind die rechtlichen Ausführungen des Vertreters der Beklagten im Schriftsatz III, 2 Absatz 3. Für die Rechtsnachfolge nach Fritz Dorn war keineswegs die Annahme der Erbschaft durch Franz Dorn maßgebend, vielmehr ging die Erbschaft nach § 1942 BGB. auf den berufenen Erben Karl Dorn über; ein rechtsgeschäftlicher Erwerb kommt hier überhaupt nicht in Frage. Daß auch bei dessen Rechtsnachfolgern Eva Dorn und Ernst Eder ein rechtsgeschäftlicher Erwerb, sei es nach § 892 BGB. oder nach § 2366 BGB. nicht vorliegt, ist unter II 3 bis 5 bereits ausgeführt. Ferner ist unter II 6 und 7 dargelegt, daß trotz des hier vorliegenden rechtsgeschäftlichen Erwerbs der § 892 BGB. keine Anwendung findet. Daß der gute Glaube nach der Fassung der §§ 892 und 2366 BGB. vermutet wird, ist richtig, wie sich aber aus den Ausführungen unter II 3 bis 7 ergibt, kommt es hier auf den guten Glauben in allen Fällen gar nicht an.

Der Schutz durch den öffentlichen Glauben des Güterrechtsregisters kommt bei keinem der Beklagten in Betracht, weil der Eintrag in das Güterrechtsregister zeitlich nach den hier in Frage stehenden Rechtsgeschäften liegt, und die Voraussetzungen des § 1435 BGB. auch hier überhaupt nicht zutreffen.

V. Kläger behauptet ursprünglich im Schriftsatz II, 4, er habe bei den seinerzeitigen Nachlaßverhandlungen die Echtheit des gefälschten privatschriftlichen Testamentes lediglich nicht bestritten. Die Beklagten behaupten im Schriftsatz III, 2, Kläger habe damals das Testament als echt anerkannt; mit dieser Anerkennung sei zwischen Kläger und Franz Dorn ein Vertrag zustande gekommen, kraft dessen Karl Dorn auf alle Einwendungen aus einer etwaigen Unechtheit des Testaments verzichtete und sich verpflichtete, gegen Franz Dorn und seine Rechtsnachfolger keine Rechtsfolgen hieraus abzuleiten. Eine Anfechtung wegen Irrtums im Beweggrund sei unzulässig, eine solche wegen arglistiger Täuschung sei nicht erfolgt; diese hätte dem Nachlaßgericht gegenüber erklärt werden müssen. Kläger gibt sodann im Schriftsatz IV, 2 anscheinend die Anerkennung und die Vertragsnatur der Anerkennung zu, bestreitet aber die Rechtsgültigkeit des Vertrags, der der notariellen Beurkundung bedurft hätte, da Grundstücke zum Nachlasse gehörten.

Das Gericht nimmt an, daß Kläger die Echtheit des Testamentes seinerzeit anerkannt hat; es sind nun die Rechtsfolgen dieser Anerkennung zu prüfen.

1. Die ZPO. unterscheidet zwischen der Beweiskraft von öffentlichen Urkunden im Sinne des § 415 ZPO. und privaten Urkunden im Sinne des § 126 BGB. Wird im Prozeß eine öffentliche Urkunde vorgelegt, so wird nach § 437 Abs. 1 ZPO. deren Echtheit vermutet; wird die Echtheit vom Gegner bestritten, so muß er den Beweis des Gegenteils liefern. Wird dagegen im Prozeß eine Privaturkunde vorgelegt, so liegt in der Vorlage lediglich die Behauptung der Echtheit der Urkunde; eine Vermutung für die Echtheit besteht hier nicht. Der Vorlegende hat die Echtheit der Privaturkunde zu beweisen, als Beweis

kann und wird aber sehr oft die Anerkennung der Echtheit durch den Gegner dienen. Eine irrige Anerkennung kann aber eine gefälschte Urkunde ebensowenig zur echten machen, wie ein ungerechtfertigtes Bestreiten eine echte Urkunde zur gefälschten macht. Bei dieser „Anerkennung" handelt es sich nicht um ein Rechtsgeschäft, weder um einen Vertrag noch um ein einseitiges Rechtsgeschäft, sondern um eine prozessuale Rechtshandlung, um ein gerichtliches Geständnis, auf das die §§ 288 bis 290 ZPO. Anwendung finden (s. Stein-Jonas, 1925, § 439 Anm. III). Daher finden auf Willensmängel bei der Anerkennung nicht die §§ 119 oder 123 BGB., sondern § 290 ZPO. Anwendung: die Anerkennung der Urkunde kann auf Grund des dort genannten doppelten Beweises jederzeit widerrufen werden; s. RGRKomm. 1928 vor § 104 Anm. 8.

2. Ähnlich verhält es sich bei der Vorlegung des Testamentes vor dem Nachlaßgericht. Das Testament muß nach §§ 2259, 2260, 2356 BGB. vorgelegt werden, bei Erteilung des Erbscheins ist die Echtheit des Testamentes nach § 2359 BGB. zu prüfen. Wird nun ein öffentliches Testament nach § 2232 BGB. und damit eine öffentliche Urkunde nach § 415 ZPO. vorgelegt, so besteht nach § 437 ZPO. die Vermutung für die Echtheit, die Echtheit bedarf keines Beweises; wird dagegen ein Privattestament nach § 2231 BGB. vorgelegt, so kann es vom Nachlaßrichter nicht ohne weiteres als echt angesehen werden, vielmehr ist ein gewisser Beweis von Echtheit auch dann zu fordern, wenn besondere Gründe zu Mißtrauen nicht vorliegen (Planck, 1930, § 2356 Anm. II, 3 Abs. 2). Daher enthält § 32 Abs. 3 Ziff. 4 der Bayer. Nachlaßordnung vom 20. März 1903 die Bestimmung, daß das Protokoll über die Eröffnung des Testaments unter anderem insbesondere etwaige Erklärungen über die Echtheit des Testamentes enthalten soll. Auch für diese Anerkennung muß das oben zu 1. Gesagte gelten; s. auch Haberstumpf-Barthelmeß 1931 § 32 Anm. 6.

3. Hat Kläger das Testament auch ursprünglich als echt anerkannt, so hat er doch sein Geständnis rechtswirksam wi-

derrufen. Der Widerruf ist darin zu erblicken, daß er, nachdem er Ende März 1928 von der Fälschung des Testamentes erfuhr, Antrag auf Einziehung des alten Erbscheins stellte; hiezu war er aber nach dem oben Gesagten berechtigt.

Die Ausführungen der Streitsteile sind durchweg abwegig. Die erfolgte Anerkennung ist kein Vertrag, sondern eine prozessuale Rechtshandlung, die irrige Erklärung brauchte daher nicht nach den Grundsätzen des BGB. angefochten, sie konnte vielmehr nach § 290 ZPO. widerrufen werden. Mit dem Einwand, die „Anfechtung" hätte durch Erklärung gegenüber dem Nachlaßgerichte erfolgen müssen, wollen die Beklagten jedenfalls auf § 2081 Abs. 1 BGB. Bezug nehmen; von allen anderen Irrtümern abgesehen, übersehen dabei die Beklagten, daß die in §§ 2078 ff. BGB. geregelte Anfechtung ein *echtes* Testament des *Erblassers* voraussetzt. Hätte übrigens die Anerkennung, was ja keineswegs der Fall ist, Vertragsnatur, so wäre sie auch ohne notarielle Form gültig gewesen, da die Erklärung weder eine Verpflichtung zur Grundstücksübereignung nach § 313 BGB. noch eine Grundstücksübereignung selbst nach § 925 BGB. mit Art. 143 EG.z.BGB. und Art. 81 AG.z. BGB. enthält.

VI. Die rechtlichen Ausführungen der Streitsteile sind daher in keiner Weise geeignet, das gefundene Ergebnis irgendwie zu erschüttern: Die drei Grundstücke Hs.-Nr. 10, Pl.-Nr. 150 und Pl.-Nr. 151 sind nach wie vor Eigentum des Karl Dorn geblieben.

C.

I. Die Grundstücke Pl.-Nr. 196, 197, 198 waren ursprünglich gleichfalls auf Eigentum des Fritz Dorn eingetragen, nach dessen Tod wurden sie auf Grund des gefälschten Testamentes vom 20. Dezember 1916 und des daraufhin erteilten Erbscheins auf Franz Dorn umgeschrieben, auf Grund Ehe- und Erbvertrags vom 15. August 1924 wurden sie auf Franz und Eva Dorn als Gesamteigentümer in allgemeiner Gütergemeinschaft umgeschrieben. Bis dahin ist die Rechtslage die gleiche wie die unter B am Anfang festgestellte: Karl

Dorn ist wahrer Eigentümer auf Grund Erbfolge, die Eheleute Franz und Eva Dorn sind lediglich Bucheigentümer, das Grundbuch ist unrichtig.

II. 1. Mit notarieller Urkunde vom 2. November 1926 Nr. 2000 wollten die Eheleute Dorn Pl.-Nr. 196 an Jung veräußern, dieser wollte Pl.-Nr. 196 erwerben. Wäre entsprechend dem übereinstimmenden Willen bei der Auflassung die Pl.-Nr. 196 auf Jung umgeschrieben worden, so wäre er nach §§ 873, 925, 892 BGB. Eigentümer geworden. Nun haben aber beide Vertragsteile, im gleichen Irrtum befangen, in der Auflassung die Pl.-Nr. 197 als Vertragsobjekt erklärt, und auf Grund dieser Beurkundung wurde Pl.-Nr. 197 auf Jung umgeschrieben. Es liegt damit der Fall der sog. falsa demonstratio vor. Für den Vertrag, die Auflassung, gilt nicht das, was irrigerweise erklärt, sondern das, was gewollt ist; die Auflassung ist daher in der Richtung auf Pl.-Nr. 196 rechtswirksam geworden. Da aber auf Grund der Urkunde Pl.-Nr. 197 umgeschrieben wurde, so liegt bei Pl.-Nr. 196 Auflassung ohne Eintragung, dagegen bei Pl.-Nr. 197 Eintragung ohne Auflassung vor. Da aber nach §§ 873, 925 BGB. rechtsgeschäftliche Übereignung nur durch Auflassung u n d Eintragung erfolgen kann, liegt weder bei Pl.-Nr. 196 noch bei Pl.-Nr. 197 eine Eigentumsänderung vor; s. Staudinger 1926 S. 396 und 397. Die materielle Rechtslage ist also nunmehr die: Karl Dorn ist nach wie vor Eigentümer der Pl.-Nr. 196 und Pl.-Nr. 197. Pl.-Nr. 196 ist nach wie vor unrichtig auf Eheleute Dorn eingetragen, Pl.-Nr. 197 ist infolge der mißglückten Beurkundung nunmehr unrichtig auf Jung eingetragen.

2. Mit notarieller Urkunde vom 2. November 1926 Nr. 2001 wollte des weiteren Pl.-Nr. 197 von den Eheleuten Dorn an Jung aufgelassen werden. Hier wurde irrigerweise Pl.-Nr. 198 in der Urkunde aufgeführt. Die Rechtsfolge ist die gleiche wie oben. Bei Pl.-Nr. 197 liegt zwar Auflassung, aber keine Eintragung, bei Pl.-Nr. 198 dagegen liegt zwar Eintragung, aber keine Auflassung vor. Weder bei Pl.-Nr. 197 noch bei Pl.-Nr. 198 ist eine Eigen-

tumsänderung eingetreten. Karl Dorn ist nach wie vor Eigentümer der Pl.-Nr. 197 und Pl.-Nr. 198; nur ist infolge der mißglückten Beurkundung nunmehr auch Pl.-Nr. 198 unrichtig auf Jung eingetragen worden.

3. Zwar gilt Pl.-Nr. 197 auf Grund der deklarierten Urkunde Nr. 2001 als aufgelassen, und auf Grund der Urkunde Nr. 2000 wurde diese Pl.-Nr. 197 auf Jung umgeschrieben; an sich liegt daher bei Pl.-Nr. 197 Auflassung und Eintragung vor. Ein Eigentumswechsel ist hier aber trotzdem nicht eingetreten, denn ein Zusammenwerfen des Inhalts der Urkunden Nr. 2001 und 2000 ist bei deren Selbständigkeit und bei ihrer Unabhängigkeit voneinander ausgeschlossen.

4. Die Rechtslage ist daher die: Karl Dorn ist Eigentümer der Pl.-Nr. 196, 197, 198. Die Pl.-Nr. 196 ist zu Unrecht, wie bisher, auf Eheleute Dorn eingetragen; Pl.-Nr. 197 und Pl.-Nr. 198 sind nunmehr zu Unrecht auf Jung eingetragen.

III. Die rechtlichen Ausführungen der Streitsteile sind zum größten Teil abwegig. Kläger behauptet im Schriftsatz II, drittletzter Absatz, die Tauschverträge, also die in den Urkunden mitenthaltenen obligatorischen Verträge, seien nichtig, die Nichtigkeit der Tauschverträge habe auch die Nichtigkeit der Auflassungen zur Folge, die Eintragung im Grundbuch vermöchte diese Nichtigkeit nicht zu heilen. Die Beklagten behaupten im Schriftsatz III, 2 Abs. 4, etwaige Mängel der Tauschverträge seien durch die nachfolgende Auflassung und Eintragung geheilt worden.

Richtig ist: Die Grundsätze der falsa demonstratio gelten, wie allgemein anerkannt ist, nicht nur für dingliche Verträge, hier also die Auflassungen, sondern in gleicher Weise für persönliche Verträge, hier die Tauschverträge. Die in den Urkunden Nr. 2000 und 2001 mitverbrieften Tauschverträge sind also keineswegs nichtig, sie sind vielmehr in der Richtung auf Pl.-Nr. 196 und 197 wirksam geworden. Aber auch wenn sie nichtig wären, hätte dies keineswegs die Nichtigkeit der Auflassungen zur Folge, denn die Erfüllungs = Leistungsverträge sind nach BGB. grundsätzlich abstrakte, von der Rechtsgültigkeit der Grundgeschäfte unabhängige Verträge. Die Ausführungen der Beklagten beruhen offensichtlich auf einer hier völlig unangebrachten Heranziehung des § 313 BGB. Richtig ist lediglich die übrigens selbstverständliche Ansicht des Klägers, daß eine nichtige Auflassung durch Eintragung im Grundbuch nicht geheilt werden kann. Irgendeine Änderung der unter II. gegebenen rechtlichen Beurteilung ist durch die Ausführungen der Streitsteile in keiner Weise veranlaßt.

IV. Mit den bei den Urkunden Nr. 2000 und 2001 vom 2. November 1926 mitverbrieften Tauschverträgen hat sich Jung zur Zahlung von 300 *RM* und 200 *RM* bar verpflichtet, für die bar zu zahlenden Beträge gab Jung dem Franz Dorn nachträglich ein Wechselakzept über 500 *RM*, fällig am 1. April 1927, das aber nicht eingelöst wurde.

1. Kläger behauptet im Schriftsatz II, vorletzter Absatz, wegen der Nichtzahlung seien die Eheleute Dorn und dann die Ehegatten Eder zum Rücktritt von den Verträgen berechtigt, dieses Rücktrittsrecht müsse auch zugunsten des Klägers wirken, da dieser Anspruch auf die vertauschten Grundstücke habe. Jung wendet im Schriftsatz III, 2 Abs. 5 ein, der Rücktritt setze Verzug voraus, dieser sei aber nicht eingetreten, auch sei Franz Dorn durch das Wechselakzept abgefunden worden; übrigens sei Kläger zur Geltendmachung des Rücktrittsrechtes nicht legitimiert. Kläger repliziert im Schriftsatz IV, 2 Abs. 4 besonders mit der Behauptung, die Wechselhingabe enthalte keine Befriedigung.

2. Die rechtliche Beurteilung ergibt folgendes:

a) Selbst wenn anzunehmen wäre, daß Kläger an sich zur Geltendmachung des Rücktrittsrechtes legitimiert wäre, so lägen doch hier die materiellen Grundlagen zur Geltendmachung nicht vor. Denn der Rücktritt nach § 346 BGB. kann in erster Linie nur geltend gemacht werden bei Verzug des Schuldners nach § 326 BGB., bei Vereinbarung nach § 346 oder bei Fixgeschäften nach § 361 BGB. Verzug liegt nicht vor; denn Verzug tritt nach § 284 BGB. nur nach Mahnung ein, ohne Mahnung nur dann, wenn ein Kalendertag für die Leistung bestimmt ist; keine von beiden

Voraussetzungen ist hier gegeben. Desgleichen liegt Vereinbarung nach § 346 BGB. nicht vor. Die Ausstellung des Wechsels mit Fälligkeit vom 1. April 1927 ist nun allerdings ein Fixgeschäft, aber es wurde nicht von vornherein bei Schließung des gegenseitigen Vertrags vom 2. November 1926 vereinbart, wie dies § 361 BGB. voraussetzt, im Gegenteil ist im Wechselakzept eine Stundung zu erblicken.

b) Selbst wenn aber die Voraussetzungen des Rücktrittsrechtes gegeben wären, so könnte es doch vom Kläger nicht geltend gemacht werden. Denn es kann nur vom Vertragsgegner nach § 346 BGB. geltend gemacht werden, Kläger ist aber nicht Vertragskontrahent und ist auch in den von den Eheleuten Dorn geschlossenen Vertrag nicht eingetreten.

c) Selbst wenn aber die materiellen Voraussetzungen gegeben wären und Kläger zur Geltendmachung legitimiert wäre, so hätte er nach § 346 lediglich einen persönlichen Anspruch auf Rückauflassung der Grundstücke, auf keinen Fall wären die Grundstücke mit Geltendmachung ohne weiteres auf ihn zurückgefallen und hätte er von diesem Gesichtspunkte aus mit der Eigentumsklage vorgehen können. Beklagter Jung, dessen Einwendungen also begründet sind, hat die Geltendmachung auch dieses Einwandes übersehen.

3. Die Geltendmachung des Rücktrittsrechtes durch den Kläger ist daher ungerechtfertigt, sie ist aber auch überflüssig, weil er mit seiner Klage schon aus den unter II angegebenen Gründen durchdringt. Eben deswegen hat das Gericht in eine Würdigung der Replik des Klägers nicht einzugehen; es mag ihm lediglich zugestanden werden, daß der Wechsel nach § 364 BGB. jedenfalls nur zahlungshalber, nicht aber an Erfüllungs Statt hingegeben wurde.

D.

I. Es erscheint zweckmäßig, die Sachlage bei Pl.-Nr. 210 im Zusammenhang kurz zu wiederholen:

1. Sie war ursprünglich auch auf Fritz Dorn eingetragen, wurde dann auf Franz Dorn und sodann auf die Eheleute Dorn umgeschrieben, in der gleichen Weise wie oben bei B I 1—3 und C I.

2. Mit notarieller Urkunde vom 2. November 1926 Nr. 2002 haben die Eheleute Dorn die Pl.-Nr. 210 an Jung gegen Pl.-Nr. 330 und 2000 *RM* Tauschaufgabe vertauscht und aufgelassen. Umschreibung der Grundstücke fand vorerst noch nicht statt, desgleichen nicht die Zahlung der 2000 *RM*.

3. Mit notarieller Urkunde vom 21. November 1926 Nr. 2150 hat Jung die Pl.-Nr. 210 an Kamm um 10000 *RM* verkauft und aufgelassen. Kamm zahlte die 10000 *RM* an Jung, darauf zahlte Jung die 2000 *RM* an Dorn.

4. Am 1. Dezember 1926 wurden die Urkunden Nr. 2002 und 2150 dem Grundbuchamt mit dem Antrage auf Umschreibung vorgelegt.

5. Am 3. Dezember 1926 hat Franz Dorn Tauschvertrag und Auflassung in Urkunde Nr. 2002 wegen arglistiger Täuschung dem Jung gegenüber angefochten und von der erfolgten Anfechtung den Kamm benachrichtigt.

6. Am 5. Dezember 1926 wurde die Pl.-Nr. 210 zuerst auf Jung, dann auf Kamm umgeschrieben, dagegen wurde Pl.-Nr. 330 von Jung auf die Eheleute Dorn umgeschrieben.

7. Am 5. Dezember 1926 hat Dorn die Anfechtung gegen eine Entschädigung von 2000 *RM* zurückgenommen.

II. Daraus ergibt sich folgende Rechtslage:

1. Auf Grund der unter I 1 gegebenen Sachlage erscheint, wie bei den bisher behandelten Grundstücken, auch bei Pl.-Nr. 210 Karl Dorn als wahrer Eigentümer, während die Eheleute Dorn nur Bucheigentümer sind; das Grundbuch ist also unrichtig.

2. Durch die Auflassungen in den Urkunden Nr. 2002 und 2150 ist eine Eigentumsänderung nicht eingetreten, da die hiezu nach § 873 des weiteren erforderliche Eintragung noch nicht erfolgt ist.

3. Durch die Anfechtung wurde nicht nur das Grundgeschäft, also der Tauschvertrag, sondern auch die Auflassung der Pl.-Nr. 210 nichtig. Da die Auflassung ein abstrakter, selbständiger Vertrag ist, kann sie allerdings trotz Nichtigkeit des Grundgeschäftes gültig sein. Hier wurden die Eheleute Dorn aber durch die arglistige Täuschung nicht nur zum Tauschvertrag, sondern auch zur Auflassung bestimmt;

beide Verträge können daher nach § 123 BGB. selbständig angefochten werden und wollten jedenfalls auch angefochten werden; Planck, 1920, § 873 Anm. 5 b; RGRKomm., 1928, § 125 Anm. 1 c und § 139 Anm. 2 Abs. 3. Beide Verträge sind daher nach §§ 142, 143 BGB. als von Anfang an nichtig anzusehen.

4. Jung konnte daher durch die am 5. Dezember 1926 auf ihn erfolgte Umschreibung nicht Eigentümer werden, da zur Eigentumsübertragung Einigung und Eintragung nötig ist, eine gültige Einigung aber nicht mehr vorliegt. Und Kamm konnte durch die sodann auf ihn erfolgte Umschreibung trotz der gültigen Auflassung vom 21. November 1926 nicht Eigentümer werden, weil der Veräußerer Jung nicht Eigentümer war.

5. Kamm kann gutgläubigen Erwerb nach § 892 BGB. für sich nicht in Anspruch nehmen. Wäre allerdings der Veräußerer Jung schon vor der Auflassung vom 21. November 1926 als Eigentümer im Grundbuch eingetragen gewesen, so wäre Kamm Eigentümer geworden; denn er hätte sich auf Grund der, wenn auch unrichtigen, Eintragung des Jung, auf die Richtigkeit des Grundbuchs verlassen können, sein guter Glaube wäre zur Zeit der Stellung des Eintragungsantrages, also am 1. Dezember 1926, noch vorhanden gewesen, und die durch die Mitteilung vom 3. Dezember 1926 eintretende mala fides superveniens hätte ihm nach § 892 Abs. 2 BGB. nicht mehr schaden können. Jung wurde aber selbst erst am 5. Dezember 1926 als Eigentümer von Pl.-Nr. 210 eingetragen; erst jetzt hätte Kamm auf Grund des I n h a l t e s des Grundbuchs nach § 892 BGB. erwerben können, er war aber infolge der Mitteilung der Anfechtung schon seit 3. Dezember 1926 nicht mehr gutgläubig.

6. Die Zurücknahme der Anfechtung durch Dorn hatte keine rechtliche Wirkung. Denn nach § 141 BGB. kann ein nach § 123 BGB. angefochtenes und damit nichtiges Rechtsgeschäft durch bloße Zurücknahme der Anfechtung nicht wieder aufleben; das Rechtsgeschäft muß vielmehr erneut vorgenommen werden, diese erneute Vornahme hätte aber der

für das Rechtsgeschäft vorgeschriebenen Form, also der Beurkundung nach § 313 BGB. und der Auflassung nach § 925 BGB. bedurft.

7. Pl.-Nr. 210 ist daher nie in das Eigentum des Jung oder des Kamm gelangt. Kläger Karl Dorn ist Eigentümer des Grundstücks geblieben, Kamm ist durch die auf ihn erfolgte Umschreibung lediglich Bucheigentümer geworden, das Grundbuch ist unrichtig.

III. Die Behauptung des Klägers im Schriftsatz II, vorletzter Absatz, alle Verträge vom 2. November 1925 seien infolge der Anfechtung nichtig, ist falsch; denn die übrigen Verträge, die mit den in der Urkunde Nr. 2002 geschlossenen in keiner Weise zusammenhängen, sind durch die Anfechtung in keiner Weise betroffen; die Behauptung ist aber wegen der Rechtsausführungen unter B und C oben belanglos.

Von gegnerischer Seite wird im Schriftsatz III 2 Abs. 4 eingewendet, die Anfechtung des Tauschvertrages sei ohne Wirkung, weil auf sie verzichtet worden sei. Die Wirksamkeit eines solchen Verzichtes könne nicht bemängelt werden, da auch die Klage auf Anfechtung der Ehe, der Ehelichkeit eines Kindes oder einer letztwilligen Verfügung unter Verzicht auf den Anspruch wieder zurückgenommen werden könne. Wegen des ersten Einwandes kann auf II 6 oben verwiesen werden. Zur versuchten Gleichstellung der Anfechtung eines Rechtsgeschäftes wegen arglistiger Täuschung mit der Anfechtung einer Ehe oder der Ehelichkeit eines Kindes ist zu sagen: Die Anfechtung erfolgt hier nach §§ 1341 Abs. 1 und 1596 Abs. 1 BGB. durch Erhebung der Anfechtungsklage; die Anfechtung ist unter den Voraussetzungen der §§ 1341 Abs. 2 und 1596 Abs. 2 BGB. als nicht erfolgt anzusehen; bei diesen beiden Anfechtungsklagen findet die Bestimmung des § 142 BGB., daß ein anfechtbares Rechtsgeschäft als von Anfang an als nichtig anzusehen ist, wenn es angefochten wird, keine Anwendung, sie sind sog. Rechtsgestaltungsklagen, bei denen noch während des Rechtsstreites auf den Anspruch verzichtet werden kann. Dagegen ist auf die Anfechtung einer letztwilligen Verfügung nach §§ 2078, 2079 und 2281 BGB. an sich § 142 Abs. 1 BGB. anzuwenden;

kraft besonderer Rechtslage kann hier aber auch nach erfolgter Anfechtung auf den Anfechtungsanspruch verzichtet werden (RGRKomm., 1929, § 2078 Anm. 5), eine Verallgemeinerung dieser Sonderregelung ist aber nicht zulässig.

Beizufügen ist noch, daß Franz Dorn berechtigt war, ohne Einwilligung seiner Frau die Anfechtung zu erklären, da er nach § 1443 BGB. zur Verwaltung des Gesamtgutes befugt war und die Anfechtung keine Verfügung über Grundstücke darstellt, zu der der Mann der Zustimmung der Frau nach §§ 1445 und 1448 BGB. bedürfte; Staudinger 1926 § 1445 Anm. 2a. Sollte sich der Einwand der Beklagten, eine Anfechtung wegen Irrtums im Beweggrunde sei unzulässig, auch auf die Anfechtung beziehen wollen, so ist dem entgegenzuhalten, daß hier die Anfechtung nicht wegen Irrtums, sondern wegen arglistiger Täuschung erfolgt ist.

E.

Auf Grund der Tauschverträge vom 2. November 1926 wurden die Pl.-Nr. 197, 198, 210 (Gruppe I) auf Jung, und wurde von diesen Grundstücken wieder Pl.-Nr. 210 auf Grund Kaufs vom 21. November 1926 auf Kamm umgeschrieben; dagegen wurden auf Grund der Tauschverträge die Pl.-Nr. 207, 208, 330 (Gruppe II) auf die Eheleute Dorn umgeschrieben. Im Schriftsatz III, 2 Abs. 7 erklären nun Jung und Kamm dem Sinne nach:

1. Durch die Verträge und Umschreibungen sind nicht nur Jung und Kamm Eigentümer der Gruppe I, sondern es sind auch die Eheleute Dorn, vielmehr deren allgemeine Rechtsnachfolger, die Eheleute Eder, Eigentümer der Gruppe II geworden; Kläger kann aber als richtiger Erbe des Fritz Dorn von den Eheleuten Eder die Auflassung der Gruppe II auf sich verlangen; was der Erbschaft durch Veräußerung der Gruppe I verloren gegangen ist, wird ihr durch Erwerb der Gruppe II wieder gewonnen, Kläger kann daher neben Eigentum an Gruppe II nicht auch noch Eigentum an Gruppe I verlangen.

2. Sollte aber Kläger als Eigentümer der Gruppe I vom Gericht festgestellt werden, so hätte er dafür zu sorgen,

daß die Grundstücke der Gruppe II, die Tauschaufgabe und der Wechsel an Jung zurückgegeben werden; wegen dieses Gegenanspruchs werde ein Zurückbehaltungsrecht geltend gemacht. Darauf ist zu entgegnen:

Zu 1. Wären die Tauschverträge gültig, so wäre allerdings die Rechtslage die, daß die Grundstücke Gruppe I Eigentum von Jung, bzw. Kamm wären und blieben und daß als Surrogat für diese aus dem Nachlaß hingegebenen Grundstücke der Erbe Karl Dorn Anspruch auf Gruppe II gegen Eheleute Dorn, bzw. Eheleute Eder hätte; und zwar nicht nur einen persönlichen Anspruch auf Auflassung, wie die Beklagten meinen, sondern sogar einen dinglichen Anspruch auf Grundbuchberichtigung; denn nach § 2019 Abs. 1 BGB. gilt als aus der Erbschaft erlangt auch, was der Erbschaftsbesitzer durch Rechtsgeschäft mit Mitteln der Erbschaft erlangt hat, und es könnte daher der Erbe Karl Dorn von den Erbschaftsbesitzern Eheleuten Eder nicht nur nach § 2018 BGB. die Herausgabe der Pl.-Nr. 207, 208 und 330 (Gruppe II), sondern auch die Einwilligung zur Grundbuchberichtigung verlangen. Diese Surrogationswirkungen treten aber nur ein, wenn die Verfügung des Erbschaftsbesitzers (oder seiner Rechtsvorgänger) über die Erbschaftsmittel dem Erben gegenüber wirksam geworden ist (RGRKomm. § 2019 Anm. 1); der Erbschaftsbesitzer muß nach § 2019 Abs. 1 BGB. die Gegenstände, hier die Grundstücke, durch Rechtsgeschäft mit Mitteln der Erbschaft erlangt haben, durch das Rechtsgeschäft müssen bestimmte Gegenstände aus dem Nachlaß verloren und als Surrogat dafür andere Gegenstände zum Nachlaß gewonnen worden sein. Das ist aber hier nicht der Fall. Wie oben unter C und D ausgeführt wurde, ist durch die Tauschverträge bei Pl.-Nr. 197, 198, 210 (Gruppe I) eine Verschiebung des Eigentums nicht eingetreten, die Grundstücke sind Eigentum des Klägers geblieben; und darum hat Kläger auch Eigentum an den Pl.-Nr. 207, 208, 330 (Gruppe II) nicht erworben.

Zu 2. Kläger hat also einen Anspruch gegen Jung, bzw. Kamm auf Grundbuchberichtigung wegen der Pl.-Nr. 197, 198, 210 (Gruppe I); die Pl.-Nr. 207, 208, 330 (Gruppe II) stehen dem Kläger nicht zu und gehen ihn nichts an; sie sind nicht Eigentum des Klägers nach § 2019 BGB., sondern Eigentum der Eheleute Dorn, bzw. der Eheleute Eder. Nur gegen diese haben Jung und Kamm einen persönlichen Anspruch auf Rückübereignung nach § 812 BGB. Ein Anspruch gegen den Kläger steht ihnen nicht zu, Gegenansprüche im Sinne des § 273 BGB. liegen also nicht vor, ein Zurückhaltungsrecht nach § 273 kann daher nicht geltend gemacht werden.

3. Von einem Zurückbehaltungsanspruch des Jung und Kamm wegen Pl.-Nr. 196 kann schon deshalb keine Rede sein, weil die Klage wegen dieses Grundstücks gegen die Bucheigentümer, also die Eheleute Dorn, bzw. deren Rechtsnachfolger, die Eheleute Eder, geht.

F.

Die Rechtslage ist also folgende:

Die Grundstücke Hs.-Nr. 10, Pl. 150, 151, 196, 197, 198 und 210 stehen im Eigentum des Klägers Karl Dorn.

Im Grundbuch ist Hs.-Nr. 10 auf die offene Handelsgesellschaft „Ernst und Eva Eder", Pl.-Nr. 150 auf Ernst Eder, Pl.-Nr. 151 auf Eva Eder, Pl.-Nr. 196 noch auf die Eheleute Franz und Eva Dorn in allgemeiner Gütergemeinschaft, Pl.-Nr. 197 und 198 auf Jung, endlich Pl.-Nr. 210 auf Kamm vorgetragen.

Durch diese Eintragungen ist das Eigentum des Klägers beeinträchtigt, es steht ihm also gegen die Störer ein Anspruch auf Bewilligung der Grundbuchberichtigung nach §§ 1004, 894 BGB. zu.

Dabei ist zu beachten: Nach § 128 HGB. haften die Gesellschafter für die Verbindlichkeiten der Gesellschaft den Gläubigern als Gesamtschuldner persönlich; bei Hs.-Nr. 10 sind daher neben der Gesellschaft die Eheleute Ernst und Eva Eder samtverbindlich zur Berichtigungsbewilligung verpflichtet. Pl.-Nr. 196 ist im Grundbuch noch auf die Eheleute Dorn eingetragen; der Anspruch geht hier gegen deren gesetzliche allgemeine Rechtsnachfolger, die Eheleute Eder; zwar genügt hier zur Berichtigung nach §§ 1445, 1448

BGB. die Erklärung des Mannes und die Einwilligung oder Genehmigung der Frau; da aber hienach doch beide eine Erklärung abzugeben haben, können sie samtverbindlich zur Berichtigungsbewilligung verurteilt werden; dagegen liegt bei dieser Pl.-Nr. 196 ein Berichtigungsanspruch des Klägers auch gegen Jung nicht vor. Bei Pl.-Nr. 197, 198 besteht ein Berichtigungsanspruch nur gegen Jung, nicht aber auch gegen die Eheleute Eder. Desgleichen besteht bei Pl.-Nr. 210 ein Berichtigungsanspruch nur gegen Kamm, nicht aber auch gegen die Eheleute Eder und Jung. Denn der Umstand, daß Pl.-Nr. 197 und 198 früher unrichtig auf Eheleute Eder, und daß Pl.-Nr. 210 früher unrichtig auf diese und sodann unrichtig auf Jung vorgetragen war, begründet keinen Gesamtberichtigungsanspruch des Klägers auch gegen diese; denn wenn statt des ursprünglich Berichtigungsverpflichteten ein anderer im Grundbuch eingetragen wird, so erlischt der Berichtigungsanspruch gegen den bisherigen Buchberechtigten und entsteht gegen den neuen Buchberechtigten; s. RGRKomm. 1928 § 894 Anm. 4.

Es war daher unter Ziffer I mit VI der Urteilsformel dem Klageantrag entsprechend zu entscheiden. Dagegen war die Klage, soweit sie sich bei Pl.-Nr. 196 gegen Jung, bei Pl.-Nr. 197, 198 gegen die Eheleute Eder, bei Pl.-Nr. 210 gegen diese und Jung richtete, in Ziffer VII der Urteilsformel als unbegründet abzuweisen.

G.

Wegen der Pl.-Nr. 207, 208 und 330 wurde Widerklage erhoben. Ihr Wert geht weit über die amtsgerichtliche Zuständigkeitsgrenze, sie sind im Bezirk des Landgerichts Dorfen gelegen; auch hier handelt es sich um eine Eigentumsklage, für sie ist daher nach § 24 ZPO. das Landgericht Dorfen ausschließlich zuständig. § 33 Abs. 1 ZPO. ändert daran nichts, denn nach § 33 Abs. 2 ZPO. findet Abs. 1 keine Anwendung, wenn die Zuständigkeit des Gerichts für eine Klage wegen des Gegenanspruchs auch durch Vereinbarung nicht würde begründet werden können, nach § 40 Abs. 2 ZPO. kann aber bei ausschließlichem Gerichtsstand ein anderes Gericht nicht vereinbart werden. Die Widerklage mußte daher wegen örtlicher Unzuständigkeit des Gerichts abgewiesen werden.

Übrigens wäre die Klage auch als unbegründet abzuweisen, da die Grundstücke nicht auf den Kläger, sondern auf Eva Dorn, nunmehr verehelichte Eder, im Grundbuch eingetragen sind.

H.

Das Urteil ist nach § 710 ZPO. gegen Sicherheitsleistung für vorläufig vollstreckbar zu erklären, eines besonderen Antrags hierauf bedarf es nicht.

Der Wert der Pl.-Nr. 196, 197, 210 beträgt 1000 + 1500 + 8500 = 11 000 *RM*; der des Hauses Hs.-Nr. 10, der Bauplätze Pl.-Nr. 150 und 151, sowie der Pl.-Nr. 198 wird vom Gericht auf 11 000 *RM* geschätzt; der Gesamtwert der Grundstücke, wegen deren Verurteilung erfolgte, beträgt daher 22 000 *RM*; in dieser Höhe war die Sicherheitsleistung in Ziffer IX der Urteilsformel zu bestimmen.

Auf Grund des vorläufig vollstreckbaren Urteils kann Kläger nach § 895 ZPO. beim Grundbuchamt die Eintragung eines Widerspruchs beantragen.

Nr. 7.

Staatsprüfung 1929, I. Abt. 2. Aufgabe.

Vorbemerkung.

Karl Alt und seine beiden minderjährigen Kinder Anna, verehelichte Stark, und Fritz sind Miteigentümer der Grundstücke Pl.-Nr. 7 und 6 St.-Gmde. Hochkirch. Mit notariellem Kaufvertrag vom 30. Januar 1929/16. Februar 1929 und vor dem Grundbuchamt erklärter Auflassung vom 11. März 1929 wurde Pl.-Nr. 7 an Zahn veräußert. Von dem Kaufpreis zu 9000 *RM* wurden 3000 *RM* durch Aufrechnung getilgt, zur Sicherung des bis 1. Oktober 1929 gestundeten Restes bestellte Zahn gleichfalls am 11. März 1929 zu Protokoll des Grundbuchamtes für die beiden Kinder eine Hypothek zu je 3000 *RM*. Pl.-Nr. 7 wurde am 20. März 1929 antragsgemäß auf Zahn umgeschrieben, dagegen wurden die Hypotheken nicht eingetragen, vielmehr die Niederschrift vom 11. März 1929 mit dem Vermerke versehen: „Wieder in Einlauf am 30. September 1929 wegen Eintragung der Hypothek."

A. Am 30. März 1929 beantragte Karl Alt wegen eines bei der Veräußerung unterlaufenen Willensfehlers die Zurückberichtigung der Pl.-Nr. 7 von Zahn auf die Miteigentümer Alt. Das Grundbuchamt machte mit Beschluß vom gleichen Tage die Berichtigung davon abhängig, daß Alt binnen einer Frist von 4 Wochen zur Sicherung des Anspruchs des Zahn auf Übertragung des Eigentums an Pl.-Nr. 6 auf diesem Grundstück dem Zahn eine Höchstbetragshypothek von 6000 *RM* bestelle. Hiergegen legte sowohl Alt wie Zahn am 2. April 1929 Beschwerde ein.

B. Am 30. März 1929 beantragte Karl Alt des weiteren, die Pl.-Nr. 6 von den Miteigentümern Alt auf Zahn zu „berichtigen". Dieser Antrag wurde vom Grundbuchamt am gleichen Tage abgewiesen. Auch hiegegen legte Alt am 2. April 1929 Beschwerde ein.

C. Alt, der am 30. März 1929 erfahren hatte, daß die Hypotheken nicht eingetragen worden waren, legte am 2. April 1929 auch wegen der Nichteintragung der Hypotheken Beschwerde ein.

A.

I. Wäre der Willensfehler des Alt nicht vorhanden, so wäre Zahn auf Grund Auflassung vom 11. März 1929 und Eintragung vom 20. März 1929 nach §§ 873, 925 BGB. Eigentümer der Pl.=Nr. 7 geworden. Alt hat besonders für seine Kinder die Auflassung richtig erklärt; dies ergibt sich aus folgendem:

1. Karl Alt konnte seinen Sohn Fritz Alt nach § 1630 BGB. bei der Auflassung vertreten und hat ihn auch vertreten. Damit die Auflassung in der Richtung auf den Sohn Rechtswirksamkeit erlangte, waren aber noch drei Erklärungen erforderlich:

a) Genehmigung des Vormundschaftsgerichtes nach § 1821 Ziff. 1 mit § 1643 Abs. 1 BGB.;

b) das Vormundschaftsgericht mußte diese Genehmigung nach § 1828 BGB. mit § 1643 Abs. 3 BGB. dem Vater Alt gegenüber erklären;

c) und nachdem es sich hier um eine nachträgliche Genehmigung des Vormundschaftsgerichtes nach § 1829 BGB. handelte — im Gegensatz zur vorherigen Genehmigung nach § 1821 BGB. — mußte der Vater diese Genehmigung noch dem andern Teile, also dem Erwerber Zahn, nach § 1829 Abs. 1 Satz 2 mit § 1643 Abs. 3 BGB. mitteilen.

Das Grundbuchamt soll nach § 29 GBO. die Eintragung, hier die Umschreibung, nur vornehmen, wenn ihm diese Erklärungen in einer der Formen des § 29 GBO. nachgewiesen sind. Dieser Nachweis ist erbracht. Die Genehmigung des Vormundschaftsgerichtes ist in einer öffentlichen Urkunde erfolgt, die Abgabe und die Form der beiden anderen Erklärungen ist durch die zu öffentlicher Urkunde erfolgte Bevollmächtigung des Sekretärs Kraus und dessen Bestätigung vom 11. März 1929 nachgewiesen; s. hiewegen auch BayrNotV. 1929 S. 149 ff.

2. Bezüglich der Vertretung der Anna, verehelichten Stark ist zu bemerken: Wird die eheliche Gemeinschaft nach § 1575 BGB. aufgehoben, so treten nach § 1586 BGB. mit einer hier nicht in Betracht kommenden Ausnahme die mit der Scheidung verbundenen Wirkungen ein, der Güterstand wird also beendet und die Frau erlangt die gleiche Rechtsstellung, wie wenn sie noch ledig wäre (Planck 1928 § 1586 Anm. 3 d). Wird die eheliche Gemeinschaft nach der Aufhebung, d. h. nach Rechtskraft des Urteils, wiederhergestellt, so fallen nach § 1587 BGB. die mit der Aufhebung verbundenen Wirkungen fort, es tritt aber Gütertrennung ein; das gleiche ist der Fall, wenn die eheliche Gemeinschaft schon vor Rechtskraft des Urteils wiederhergestellt ist und die Wiederherstellung nach Rechtskraft des Urteils fortgesetzt wird (Planck § 1587 Anm. 1). Das letztere ist hier der Fall: am 30. September 1928 wurde die eheliche Gemeinschaft wiederhergestellt, am 20. Oktober 1928 wurde das Aufhebungsurteil rechtskräftig, bis 30. Oktober 1928 wurde die eheliche Gemeinschaft fortgesetzt. Fraglich ist nur, ob ein in der Geschäftsfähigkeit beschränkter Ehegatte zur Wiederherstellung der Einwilligung des gesetzlichen Vertreters bedarf. Der Vater hat in die Wiederherstellung nicht eingewilligt. Die Entscheidung dieser Frage ist aber hier für die Frage, ob die Anna Stark zu Verfügungen über Grundstücke der Zustimmung ihres Mannes bedarf, ohne Bedeutung. Denn wird Einwilligung des gesetzlichen Vertreters als notwendig angenommen, so liegt eine Wiederherstellung der ehelichen Gemeinschaft rechtlich nicht vor, die Anna Stark hat daher die Stellung einer ledigen Frau; wird aber Einwilligung nicht für erforderlich erklärt, so besteht Gütertrennung; in beiden Fällen ist aber ein Verwaltungsrecht des Ehemannes ausgeschaltet, zur Vertretung der Anna Stark ist deren Vater nach § 1630 BGB. berechtigt; s. auch Planck § 1395 Anm. 13.

Ein Zustimmungsrecht des Mannes nach § 1395 oder § 1443 mit §§ 170—180 BGB. (s. Planck § 1443 Anm. 10) kommt daher nicht in Frage, die Erklärung des Stark, seine Frau könne tun, was sie wolle, war richtig. Karl

Alt konnte seine Tochter ebenso vertreten wie seinen Sohn, und nachdem die oben erwähnten Voraussetzungen der §§ 1821, 1828 und 1829 mit § 1643 BGB. auch in der Richtung auf die minderjährige und daher beschränkt geschäftsfähige Tochter erfüllt sind, ist die Auflassung auch in der Richtung auf den Miteigentumsanteil der Anna Stark an sich rechtswirksam geworden.

II. Karl Alt hat aber den in der Aufgabe des näheren geschilderten Willensmangel geltend gemacht und es ist nun dessen rechtliche Wirkung zu prüfen.

1. Erklären beide Vertragsteile dasselbe, weicht aber bei einem Teil wegen Irrtums die Erklärung vom Willen ab, so gilt das Erklärungsprinzip: Es gilt zwar das Erklärte, der Irrende kann aber nach § 119 BGB. die Erklärung wegen Irrtums anfechten. In unserem Falle wäre daher die Pl.-Nr. 7 auf Eigentum des Zahn übergegangen. Alt könnte aber seine Erklärung anfechten mit der Folge, daß die Auflassung nach § 142 BGB. nichtig würde. Dann wäre bei Pl.-Nr. 7 zwar Eintragung, aber keine gültige Auflassung vorhanden, ein Eigentumswechsel wäre daher mangels Vorliegens der beiden Voraussetzungen des § 873 BGB. nicht eingetreten. Infolge der trotzdem erfolgten Umschreibung der Pl.-Nr. 7 auf Zahn wäre das Grundbuch unrichtig geworden, Alt hätte gegen Zahn einen Berichtigungsanspruch nach §§ 894, 1004 BGB.

2. Erklären beide Teile dasselbe, weicht aber bei beiden Teilen wegen desselben Irrtums in der Bezeichnung die Erklärung vom Willen ab, wollen aber beide Teile das gleiche, so liegt der Fall der falsa demonstratio vor. Es gilt hier das Willensprinzip, es gilt also nicht das, was erklärt, sondern das, was gewollt ist. Hätten also beide Teile die Pl.-Nr. 7 erklärt, aber die Pl.-Nr. 6 gewollt, so wäre die Auflassung in der Richtung auf Pl.-Nr. 6 rechtswirksam.

Auf Grund der fehlerhaften Urkunde wurde aber Pl.-Nr. 7 im Grundbuch von Alt auf Zahn umgeschrieben. Bei Pl.-Nr. 6 liegt daher Auflassung, aber keine Eintragung, dagegen bei Pl.-Nr. 7 Eintragung, aber keine Auflassung vor. Auf Grund der deklarierten Auflassungsurkunde könnte daher einerseits Pl.-Nr. 7 von Zahn auf Alt zurückberichtigt, anderseits Pl.-Nr. 6 von Alt auf Zahn umgeschrieben werden; Staudinger § 925 Anm. A III 3 b *α* und *δ*; Bd. III S. 396/7.

3. Hier liegt nun der Fall so, daß beim Veräußerer Alt die Erklärung wegen Irrtums vom Willen abgewichen ist, daß aber der Erwerber Zahn diesen Irrtum kannte und in Ausnützung dieses Irrtums seine Erklärung abgab. Hiezu sagt RGRKomm. (1928) § 116 Anm. 1: „Wer der Erklärung eines anderen, bei der ein Fehlgriff im Ausdruck vorgefallen ist, vorbehaltslos zustimmt, wiewohl er den wirklichen Sinn der Erklärung erkannt hatte, kann sich nicht darauf berufen, daß er sich insgeheim vorbehalten hatte, seine Zustimmung nur nach Maßgabe der tatsächlich vorhandenen Erklärung zu erteilen; er hat vielmehr sein Einverständnis zu der wirklich gewollten Erklärung des anderen erteilt.“ Hier gilt also nicht das Erklärungsprinzip des § 119 BGB., sondern das Willensprinzip der falsa demonstratio; siehe auch Leipziger Zeitschrift 1919 S. 470. Alt kann daher nicht nur auch ohne Anfechtung die Zurückberichtigung der Pl.-Nr. 7 verlangen, sondern es kann an und für sich des weiteren auch die Umschreibung der Pl.-Nr. 6 von Alt auf Zahn begehrt werden; wegen dieses letzteren Punktes siehe allerdings unten unter B.

Auflassungserklärung und Eintragungsbewilligung sind durch die Erklärungen der Beteiligten vom 30. März 1929 zu Niederschrift des Grundbuchamtes freiwillig deklariert worden.

4. Beizufügen ist noch, daß auch die Sollvorschrift des § 98 GBO. mit Art. 12 AG.z.GBO. beobachtet worden sind.

III. Alt bestreitet die Richtigkeit des Grundbuchs; Pl.-Nr. 7 sei nicht Eigentum des eingetragenen Zahn, sondern Eigentum der nicht eingetragenen Miteigentümer Alt.

1. Nach § 22 Abs. 1 GBO. mit 29 Satz 1 GBO. kann das Grundbuchamt auf Antrag selbst das Grundbuch berichtigen, wenn die Unrichtigkeit durch Vorlage von öffentlichen oder öffentlich beglaubigten Urkunden nachgewiesen wird

(Meikel-Imhof § 22 Anm. 4 b). Sonderbarerweise kann aber gegen eine angeblich unrichtige Eintragung nach § 71 Abs. 2 im Wege der Beschwerde nur verlangt werden, daß das Grundbuchamt vom Beschwerdegericht angewiesen wird, einen Widerspruch einzutragen (Güthe § 71 Anm. 8 Abs. 4). Dabei ist es gleichgültig, ob sich die Beschwerde unmittelbar gegen die Eintragung richtet, oder ob sich der Beschwerte zunächst an das Grundbuchamt wendet mit dem Antrage, die Eintragung zu beseitigen, und erst gegen die Zurückweisung dieses Antrags Beschwerde einlegt; denn eine unbefangene Betrachtung muß zu dem Ergebnis gelangen, daß beide Fälle einander gleichstehen; denn auch im zweiten Falle richtet sich die Beschwerde in Wahrheit nicht oder wenigstens nicht nur gegen die Zurückweisung des Berichtigungsantrags, sondern gegen die Vornahme der Eintragung, also gegen die erste Entscheidung des Grundbuchamtes (Güthe § 71 Anm. 8 Abs. 3). Wäre also der Berichtigungsantrag schlechtweg abgewiesen worden, so hätte mit Beschwerde lediglich die Eintragung eines Widerspruchs gegen die beanstandete Eintragung verlangt werden können.

2. Im vorliegenden Fall ist das Grundbuchamt grundsätzlich zur Berichtigung bereit, es macht aber mit Zwischenverfügung die Berichtigung von der Eintragung einer Höchstbetragshypothek für Zahn auf Pl.-Nr. 6 abhängig. Die Beschwerde des Alt richtet sich gegen diese nach seiner Ansicht unzulässige Bedingung, die einer bedingten Abweisung gleichkommt. Alt kann gegen eine *solche* Abweisung wohl Beschwerde einlegen mit dem Antrag, die gesetzte Bedingung aufzuheben und das Grundbuchamt anzuweisen, die Berichtigung ohne Bedingung einzutragen.

3. Die Beschwerde ist auch begründet. Denn durch die zu Niederschrift vom 30. März 1929 abgegebenen Erklärungen, also durch öffentliche Urkunden, ist erwiesen, daß der erfolgten Umschreibung der Pl.-Nr. 7 auf Zahn eine gültige Auflassung nicht zugrunde liegt (s. oben II 3) und daß daher das Grundbuch unrichtig ist. Ein Recht des Grundbuchamtes, die Berichtigung von einer Sicherheitsleistung des Alt abhängig zu machen, besteht nicht, kann auch

mit §§ 273 Abs. 3 und 232 BGB. in keiner Weise begründet werden. Die Erklärung in der Richtung auf Pl.-Nr. 7 ist zwar nicht, wie Rechtsanwalt Klug bei seiner Beschwerdebegründung angibt, wegen Willenszwiespaltes nichtig, sondern aus den oben angeführten Gründen; dagegen ist die weitere Ansicht richtig, daß die Nichtigkeit dem Grundbuchamte, und zwar in der vorgeschriebenen Form des § 29 Satz 1 GBO. nachgewiesen ist.

4. Das Beschwerdegericht hat daher die Zwischenverfügung vom 30. März 1929 aufzuheben und das Grundbuchamt anzuweisen, die Pl.-Nr. 7 auf die Miteigentümer Alt zurückzuberichtigen.

5. Die Beschwerde des Zahn bezweckt jedenfalls, das Beschwerdegericht zu veranlassen, den Berichtigungsanspruch des Alt unbedingt zurückzuweisen. Die Beschwerde ist zulässig, aber nach dem oben Gesagten nicht begründet, sie ist daher als unbegründet zurückzuweisen.

6. Das Grundbuchamt erachtet (am Schluß der Aufgabe) die Beschwerde für unzulässig, weil die Entscheidung vom 30. März 1929 noch nicht ordnungsgemäß verkündet oder zugestellt worden und daher eine innere, nicht anfechtbare Angelegenheit des Grundbuchamtes geblieben sei. Es nimmt dabei offenbar Bezug auf Art. 8 AG.z.GBO. mit § 16 FGG., wonach gerichtliche Verfügungen erst dann wirksam werden, wenn sie den Beteiligten durch Zustellung oder zu Protokoll bekannt gemacht werden. Eine solche formelle Bekanntmachung ist nun zwar nicht erfolgt; es handelt sich aber hier nur um eine Ordnungsvorschrift, die Verfügung wird wirksam, wenn sie nur überhaupt bekanntgegeben wurde, und eine solche Bekanntmachung ist erfolgt; s. auch Meikel-Imhof S. 10. Übrigens wendet sich die Beschwerde, wie schon oben erwähnt, in erster Linie gegen die Eintragung vom 11. März 1929, und Eintragungen werden ohne weiteres sofort wirksam, selbst wenn sie, entgegen der Ordnungsvorschrift des § 55 GBO. nicht bekanntgemacht worden sein sollten (Meikel-Imhof § 55 Anm. 7 und Güthe § 55 Anm. 30); übrigens ist diese Bekanntmachung hier erfolgt. Die Ansicht des Grundbuchamtes ist daher falsch.

Alt ist durch die Zwischenverfügung auch beschwert; denn er will, daß die Pl.-Nr. 7 ohne weiteres, also ohne Sicherheitsleistung für Zahn, zurückberichtigt wird; er ist daher (Meikel-Imhof § 71 Anm. 4) persönlich beschwerdeberechtigt, und zwar als gesetzlicher Vertreter seiner Kinder auch für diese.

B.

I. Die Rechtslage bei der Pl.-Nr. 6 ist die: das Grundstück ist noch Eigentum des Alt und seiner Kinder, keineswegs Eigentum des Zahn; denn da nach § 873 BGB. Eigentum durch Rechtsgeschäft nur durch Einigung und Eintragung = Umschreibung erfolgen kann, eine Umschreibung von Alt auf Zahn aber noch nicht erfolgt ist, ist ein Eigentumswechsel noch nicht eingetreten. Alt ist nun offenbar der Meinung, daß durch die erfolgte Deklarierung nicht nur die Auflassung, sondern auch der Kaufvertrag in der Richtung auf Pl.-Nr. 6 wirksam geworden sei, und daß er daher einen persönlichen Anspruch habe, daß Pl.-Nr. 6 auf Zahn umgeschrieben und ihm damit übereignet werde. Er hat daher diesen Rechtsänderungsantrag am 30. März 1929 gestellt, und, nachdem er am gleichen Tage vom Grundbuchamt zurückgewiesen wurde, gegen diesen Abweisungsbeschluß am 2. April Beschwerde eingelegt. Es handelt sich also um einen Rechtsänderungsantrag und eine Ablehnung eines Rechtsänderungsantrags, hiegegen ist Beschwerde nach § 71 Abs. 1 GBO. zulässig. Der Umstand, daß sowohl Alt wie das Grundbuchamt irrigerweise von einem Rechtsberichtigungsantrag sprechen, steht der Zulässigkeit der Beschwerde nicht entgegen. Würde allerdings in Wahrheit ein Berichtigungsantrag und die Ablehnung dieses Berichtigungsantrags vorliegen, so könnte, siehe oben A III 1, zumal es sich um eine glatte Abweisung handelt, im Wege der Beschwerde nach § 71 Abs. 1 Satz 2 GBO. lediglich die Eintragung eines Widerspruchs verlangt werden.

II. Nach § 433 BGB. ist nicht nur der Verkäufer auf Grund des Kaufvertrags verpflichtet, dem Käufer das Eigentum an der Sache zu verschaffen, sondern es ist auch der

Käufer verpflichtet, dem Verkäufer die gekaufte Sache abzunehmen. Ist also der Kaufvertrag in der Richtung auf Pl.-Nr. 6 wirksam und im übrigen rechtsgültig, so hat Alt gegen Zahn einen persönlichen Anspruch auf Übereignung und damit Umschreibung der Pl.-Nr. 6. Ob diese Voraussetzungen hier vorliegen, ist im folgenden zu prüfen.

III. Die unter A I niedergelegten Rechtsgrundsätze gelten nicht nur für den dinglichen Vertrag, die Auflassung, sondern auch für den persönlichen Vertrag, den Kaufvertrag; s. besonders § 1821 Ziff. 3 BGB. Desgleichen gelten die unter A II niedergelegten Grundsätze in gleicher Weise für den dinglichen wie für den persönlichen Vertrag. Würden daher der Gültigkeit des Kaufvertrages keine weiteren Bedenken entgegenstehen, so hätte auf Grund der deklarierten Verträge auch auf Antrag des Veräußerers das Grundbuchamt die Pl.-Nr. 6 auf den Erwerber umschreiben müssen. Die Beschwerde gegen die Abweisung des Antrags wäre begründet, das Beschwerdegericht hätte unter Aufhebung des abweisenden Bescheides des Grundbuchamts dieses anzuweisen, Pl.-Nr. 6 auf Zahn zu umschreiben; Staudinger § 925 Anm. A III 3 b δ.

IV. Der Kaufvertrag ist aber aus folgenden Gründen nichtig:

1. Der Kaufvertrag bedarf nach § 313 BGB. der gerichtlichen oder notariellen Beurkundung, speziell in Bayern auf Grund Art. 141 EG.z.BGB. und Art. 167 AG.z.BGB. stets nur der notariellen Beurkundung. Nach der Regel, daß die gesamten Abreden eines Vertrags im Zweifel ein einheitliches Ganzes darstellen, erstreckt sich das Formerfordernis des § 313 BGB. derart auf jede einzelne Vertragsbestimmung, daß die Gültigkeit des gesamten Vertrags ausgeschlossen ist, wenn auch nur irgendeine Bestimmung der Form ermangelt (RGRKomm., 1929, § 313 Anm. 2 Anfang; Planck, 1914, § 313 Anm. 5 b). Es bedarf daher nicht nur die Verpflichtung des Veräußerers zur Übereignung des Grundstücks, sondern auch die Verpflichtung des Erwerbers zur Zahlung des Kaufpreises der Form des § 313 BGB.

Dagegen stand nach § 128 BGB. der getrennten Beurkundung des Vertragsangebotes vom 30. Januar 1929 und der Vertragsannahme vom 16. Februar 1929, im Gegensatz zum Auflassungsvertrage des § 925 BGB. nichts im Wege.

2. Während nun notariell vereinbart wurde, daß der Kaufpreisrest von 6000 RM sofort nach dem grundbuchamtlichen Vollzuge des Vertrags zahlbar sei, wurde davon abweichend formlos vereinbart, daß er erst am 1. Oktober 1929 gezahlt werden solle, und es frägt sich nun, ob infolge dieser Abänderung der ganze obligatorische Vertrag nichtig ist. Hier ist zu unterscheiden:

a) Ist der Vertrag in der erforderlichen notariellen Form schon vollständig abgeschlossen, so bedürfen zwar nachträglich vereinbarte Verpflichtungen, durch welche Leistungen oder Gegenleistungen erweitert oder erschwert werden, der Beurkundung nach § 313 BGB., widrigenfalls der ganze Vertrag nichtig wird; nicht aber bedürfen dieser Form nachträgliche Vereinbarungen, durch welche Leistungen sachlich oder zeitlich eingeschränkt werden; so bedarf insbesondere, wie hier, die nachträgliche Stundung des Kaufpreises über den im ursprünglichen formgerechten Vertrag festgesetzten Fälligkeitstermin nicht der Form des § 313 BGB.; s. RGRKomm., 1929, § 313 Anm. 2 Abs. 4.

b) Im Gegensatz hiezu stehen formlose Änderungen der Verpflichtungen, welche in der Zeit zwischen dem formgerechten Angebot und der formgerechten Annahme des Kaufvertrags vorgenommen worden sind. Solche Änderungen machen stets den ganzen Kaufvertrag nichtig; RGRKomm. a. a. O. und Zeitschr. f. Rechtspflege in Bayern, 1929 S. 21. Da nun hier eine solche formlose Abänderung durch Stundung des Kaufpreises innerhalb des maßgebenden Zeitpunktes, nämlich zwischen dem Angebot vom 30. Januar 1929 und der Annahme vom 16. Februar 1929, erfolgt ist, ist der Kaufvertrag nichtig, ein persönlicher Anspruch aus § 433 BGB. nicht entstanden.

V. Ein persönlicher Anspruch des Alt gegen Zahn auf Abnahme der Pl.-Nr. 6 besteht also nicht, Alt hat daher keinen persönlichen Anspruch gegen Zahn auf Umschreibung des Grundstücks. Das Grundbuchamt hat daher den Antrag auf Umschreibung mit Recht abgewiesen, die Beschwerde gegen diesen Abweisungsbeschluß war vom Beschwerdegericht als unbegründet zurückzuweisen.

Zwar hat das Grundbuchamt den Antrag abgewiesen, „weil es zur Umschreibung der Pl.-Nr. 6 auf Zahn an der Auflassung dieses Grundstücks an Zahn fehlt", und diese Begründung ist in jeder Beziehung unrichtig: denn die Auflassung ist durch die Deklarierung in der Richtung auf Pl.-Nr. 6 wirksam geworden; trotzdem, und obwohl hiedurch diese Einigung nach § 873 Abs. 2 BGB. unwiderruflich und bindend geworden ist, besteht aber auf Grund der Auflassung kein klagbarer Anspruch auf Umschreibung der Pl.-Nr. 6; s. Planck, 1920, § 873 Anm. III, 6; RGR.-Komm., 1929, § 873 Anm. 13 S. 52 unten; Staudinger, 1926, § 873 Anm. B VII d (S. 118). Ein klagbarer persönlicher Anspruch auf Umschreibung der Pl.-Nr. 6 würde nur dann bestehen, wenn ein in der Richtung auf Pl.-Nr. 6 gültiger Kaufvertrag vorliegen würde; nun wirkt zwar durch die Deklarierung, wie die Auflassung, so auch der Kaufvertrag an sich in der Richtung auf Pl.-Nr. 6, dieser Kaufvertrag ist aber wegen der zwischen Angebot und Annahme erfolgten formlosen Änderung, wie oben ausgeführt, nichtig. Diese vorerwähnte unrichtige Begründung steht aber der Tatsache nicht entgegen, daß die Abweisung, allerdings aus anderen Gründen, berechtigt und begründet war.

Man könnte auch daran denken, daß der wegen mangelnder Form ungültige Kaufvertrag nach § 313 Satz 2 BGB. geheilt worden wäre; das ist nicht der Fall; denn es liegt nur die infolge der Deklarierung in der Richtung auf Pl.-Nr. 6 wirksame Auflassung vor, eine Eintragung, Umschreibung eben dieser Pl.-Nr. 6 liegt aber nicht vor, die beiden Voraussetzungen des § 313 Abs. 2 BGB. sind also nicht erfüllt.

Zu bemerken wäre noch: Nachdem Alt seinen Antrag auf Umschreibung der Pl.-Nr. 6 auf das vermeintliche Bestehen eines Anspruchs auf Umschreibung stützt, ist es unverständlich, daß Rechtsanwalt Klug als Vertreter des Alt in seiner

Beschwerdebegründung die an sich richtige Behauptung aufstellen kann, dem Zahn stehe selbstverständlich kein Anspruch auf Pl.-Nr. 6 zu.

Die Ansicht des Grundbuchamtes (am Schluß der Aufgabe) die Beschwerde sei unzulässig, weil die Entscheidung auf diesen Antrag, der irrigerweise auch als Berichtigungsantrag bezeichnet wird, eine innere Angelegenheit des Grundbuchamts geblieben sei, weil sie noch nicht ordnungsgemäß verkündet oder zugestellt ist, ist gleichfalls irrig, wie schon oben unter A III 6 ausgeführt wurde.

C.

I. Es kann nicht nur nach § 1113 Abs. 2 BGB. eine Hypothek für eine aufschiebend bedingte Forderung, sondern es kann auch eine aufschiebend bedingte Hypothek sowohl für eine aufschiebend bedingte wie für eine schon bestehende Forderung bestellt werden. In beiden Fällen ist zur Entstehung der Hypothek nach § 873 BGB. neben Einigung die Eintragung nötig und besteht mit Eintragung eine aufschiebend bedingte Hypothek des Gläubigers, die im Falle des Eintritts der Bedingung zur unbedingten Hypothek des Gläubigers wird; der Unterschied ist nur der, daß bei Ausfall der Bedingung sich im ersten Fall die bisher bedingte Hypothek des Gläubigers in eine unbedingte Grundschuld des Eigentümers nach §§ 1163, 1177 BGB. verwandelt, während im zweiten Fall die bisher bedingte Hypothek schlechtweg erlischt, die etwa nachfolgenden Hypotheken also vorrücken; s. auch Meikel-Imhof S. 129 Anm. hh Abs. 1; Staudinger 1926, § 1113 S. 986; Planck 1920, § 1113 Anm. 4 g; RG. Bd. 70 S. 248.

Hier war offenbar die Bestellung einer bedingten Hypothek für die schon bestehende Kaufpreisrestforderung zu 6000 *RM* gewollt. Nachdem Antrag des Zahn nach § 13 GBO. und dessen Eintragungsbewilligung nach §§ 19, 29 GBO. vorlagen, hätte die Hypothek an sich sofort eingetragen werden sollen.

II. In dem Vermerk vom 11. März 1929: „Wieder in Einlauf am 30. September 1929 wegen Eintragung der Hypothek" ist die stillschweigende Zurückweisung des Antrags auf sofortige Eintragung der Hypothek nach § 18 GBO. zu erblicken. Auch diese Abweisung hätte den Beteiligten unter Angabe der Gründe sofort bekannt gemacht werden sollen (Meikel-Imhof § 18 Anm. 5 und § 1 Anm. 6); die Benachrichtigung war mangelhaft, die Entscheidung ist aber nach dem unter A III 6 Gesagten wirksam geworden.

III. Die Beschwerde gegen den Abweisungsbeschluß wäre also an sich nach § 71 Abs. 1 GBO. zulässig und sie wäre, da der sofortigen Eintragung der Hypothek Hindernisse nicht im Wege standen, an sich auch begründet.

Da nun aber das Beschwerdegericht mit seinem Beschlusse unter A die Zurückberichtigung der Pl.-Nr. 7 auf die Miteigentümer Alt anordnet, zudem, wie aus den Ausführungen unter B hervorgeht, den Altschen Kindern wegen Nichtigkeit des Kaufvertrags eine Forderung zu 6000 *RM* gar nicht zusteht, hat die Sicherung einer solchen Forderung auf Pl.-Nr. 7 ihren Sinn verloren. Die Beschwerde ist daher, weil gegenstandslos geworden, zurückzuweisen.

Nr. 8.

Staatsprüfung 1930, I. Abt. 1. Aufgabe.

(Ohne IV und V 3.)

I a.

1. Mit dem Erbfall sind Ernst, Hans und Max Alt Miterben des Gesamtnachlasses zu je 1/3 Anteil und damit Gesamthandseigentümer der zum Nachlaß gehörenden Grundstücke geworden, §§ 1922, 2032, 2033 BGB.

2. Mit notarieller Urkunde vom 9. Februar 1929 hat sich die aus Ernst, Hans und Max Alt bestehende Erbengemeinschaft verpflichtet

a) Anwesen Nr. 10 in Felden an Ernst Alt zu Alleineigentum,

b) Anwesen Nr. 33 in Felden an Hans Alt zu Alleineigentum,

c) von Pl.-Nr. 180 in Felden nach vorheriger Vermessung (s. § 96 GBO. und § 318 DAfGBA.) die eine Hälfte an Ernst Alt und die andere Hälfte an Hans Alt zu Alleineigentum zu übereignen. Die Form des § 313 BGB. ist gewahrt; insoweit enthält der Vertrag eine Verpflichtung über die Art und Weise der Auseinandersetzung des Nachlasses, zu dem auch Grundstücke gehörten. Als Gegenleistung haben sich Ernst und Hans Alt dem Max Alt je 40000 RM zu zahlen verpflichtet und diese Verpflichtung sofort erfüllt.

3. Mit notariellem Vertrag vom 15. März 1929 hat sodann die aus Ernst, Hans und Max Alt bestehende Erbengemeinschaft (§ 2040 BGB.), wobei Max Alt laut notarieller Vollmacht von Ernst Alt vertreten wurde, in teilweiser Erfüllung der in der Vorurkunde übernommenen Verpflichtung Anwesen Nr. 10 an Ernst Alt und Anwesen Nr. 33 an Hans Alt aufgelassen (die Zuständigkeit des Notariats zur Auflassung ergibt sich aus § 925 BGB., Art. 143 EG.z.BGB. und Art. 81 AG.z.BGB.). Dagegen fand eine Auflassung der Pl.-Nr. 180 noch nicht statt, bezüglich dieses Grundstücks sollten die Brüder einstweilen gemeinschaftliche Besitzer und Eigentümer in Erbengemeinschaft bleiben.

4. Auf Grund der vorgelegten Auflassung (§ 20 GBO.) und des vorgelegten Erbscheins (§ 36 GBO.) und auf Grund Antrags (§ 13 GBO.) und Eintragungsbewilligung (§§ 19, 29 GBO.) wurde sodann Anwesen Nr. 10 auf Ernst Alt und Anwesen Nr. 33 auf Hans Alt im Grundbuch umschrieben; die Auflassung hat auf Grund des § 2040 BGB. jedenfalls gelautet: „Die aus Ernst, Hans und Max Alt bestehende Erbengemeinschaft läßt Hs.-Nr. 10 an Ernst Alt und Hs.-Nr. 33 an Hans Alt zu Alleineigentum auf.“ Mit Auflassung und Eintragung ist nach §§ 873, 925 BGB. Ernst Alt Eigentümer von Hs.-Nr. 10 und Hans Alt Eigentümer von Hs.-Nr. 33 geworden; nach § 41 GBO. konnte die Umschreibung sofort auf die Erwerber erfolgen, ohne daß zuvor eine Zwischenberichtigung auf die Erbengemeinschaft erforderlich war. Pl.-Nr. 180, bei der eine Auflassung nicht erfolgt ist, wurde, jedenfalls auf Grund Antrags nach § 13 GBO. und Nachweises durch Erbschein nach § 36 GBO. auf die drei Brüder berichtigt; allerdings hätten sie nicht als „Miteigentümer in Erbengemeinschaft“, sondern als „Gesamteigentümer in Erbengemeinschaft“ eingetragen werden sollen, da an den einzelnen Nachlaßgegenständen nicht Miteigentum nach § 741 BGB., sondern nur Gesamteigentum nach §§ 2033, 2040 BGB. möglich ist.

5. Max Alt wurde sodann von Kurz allein beerbt; damit ist der Nachlaß des Max Alt und mit ihm der zu diesem Nachlaß gehörende 1/3 Anteil am Nachlasse des Onkels auf Kurz übergegangen, und mit diesem der Gesamteigentumsanteil des Max Alt an Pl.-Nr. 180. Nach § 1967 BGB. war aber Kurz als Erbe des Max Alt verpflichtet, in Erfüllung der mit Urkunde vom 9. Februar 1929 übernommenen Verbindlichkeit den Gesamthandsanteil an Pl.-Nr. 180 an Ernst und Hans Alt aufzulassen.

6. Kurz hätte nun nach § 2033 Abs. 1 BGB. seinen 1/3 Anteil am Nachlaß des Onkels an Beck übertragen können und hätte dann im Grundbuch bei Pl.-Nr. 180 zum Zwecke der Grundbuchberichtigung auf Antrag eingetragen werden müssen: „Der Anteil des Max Alt ist auf Kurz und von diesem auf Beck übergegangen“; die lediglich obligato-

rische Verpflichtung aus dem Vertrage vom 9. Februar 1929 wäre dieser Verfügung nicht entgegengestanden.

Nun hat aber Kurz den 1/3 Anteil an Pl.-Nr. 180 an Beck aufgelassen; diese Auflassung war aber nach § 2033 Abs. 2 BGB. ungültig und durch die trotzdem erfolgte Umschreibung dieses Anteils auf Beck ist das Grundbuch unrichtig geworden.

7. Ernst und Hans Alt können daher nach § 894 BGB., § 22 GBO. Berichtigung des Grundbuchs dahin beantragen, daß Max Alt bzw. Kurz als Gesamthandseigentümer der Pl.-Nr. 180 eingetragen wird. Berichtigung des Grundbuchs auf sich selbst in Erbengemeinschaft können sie aber nicht beantragen, da neben ihnen noch Max Alt bzw. Kurz Miterbe des Nachlasses und damit Gesamthandsberechtigter der dazu gehörenden Gegenstände ist.

Ib.

Es ist aber auch eine andere Auslegung der Urkunden, und damit die Annahme einer anderen Rechtsnachfolge möglich.

1. Miterben und damit Gesamteigentümer der Grundstücke sind auf alle Fälle die in Ia 1 Genannten geworden.

2. In der Urkunde vom 9. Februar 1929 kann einmal ein Erbschaftskauf und eine Erbteilsübereignung des Max Alt an Ernst und Hans Alt nach §§ 2371, 1922, 2033 Abs. 1 BGB. gesehen werden, so daß nunmehr lediglich diese beiden als Miterben des Nachlasses und als Gesamthandseigentümer der Grundstücke in Frage kommen; des ferneren eine Verpflichtung von Ernst und Hans Alt in Erbengemeinschaft

a) Anwesen Nr. 10 an Ernst Alt,

b) Anwesen Nr. 33 an Hans Alt,

c) Pl.-Nr. 180 nach erfolgter Vermessung mit einer Teilfläche an Ernst Alt und der anderen Teilfläche an Hans Alt zu Alleineigentum aufzulassen. Dafür spricht auch die sofort erfüllte Gegenverpflichtung, allerdings hat dann die Erteilung der Vollmacht keinen rechten Sinn, nachdem Max Alt mit der Übertragung seines Erbteils als Beteiligter, und zwar sowohl als Miterbe wie als Gesamthandseigentümer, ausgeschieden ist.

3. Mit Auflassung vom 15. März 1929 haben sodann Ernst und Hans Alt ihre gegenseitigen Verpflichtungen bezüglich der Anwesen Nr. 10 und 33 erfüllt, bezüglich Pl.-Nr. 180 besteht die Verpflichtung zur Auflassung weiter.

4. Die beiden Anwesen wurden auch hier richtig auf Ernst und Hans Alt umgeschrieben, diese sind damit Alleineigentümer geworden. Dagegen hätte Pl.-Nr. 180 auf Grund der vorgelegten Urkunden und des Erbscheins nur auf Ernst und Hans Alt in Erbengemeinschaft berichtigt werden dürfen, durch die Miteintragung auch des Max Alt ist das Grundbuch unrichtig geworden.

5. Der $\frac{1}{3}$ Anteil am Nachlasse des Onkels stand dem Max Alt nicht mehr zu, ein solcher Anteil fiel daher nicht mehr in das Vermögen und den Nachlaß des Max Alt und konnte daher auch auf seinen Erben Beck nicht übergehen.

6. Hätte Kurz den angeblich noch bestehenden $\frac{1}{3}$ Erbteil des Max am Nachlasse des Onkels auf Beck nach § 2033 Abs. 1 BGB. übertragen, so hätte ihn Beck trotz seines guten Glaubens nicht erworben, obwohl Erbschein nach dem Onkel und Erbschein nach Max Alt ausgestellt worden war; denn nach § 2366 BGB. können auf Grund Erbscheins nur zum Nachlaß gehörende Gegenstände, nicht aber kann ein Erbteil selbst gutgläubig erworben werden; s. RGRKomm. (1921) § 2366 Anm. 3; Planck (1930) § 2366 Anm. 4.

Nun aber hat auch hier Kurz den ihm angeblich zustehender Anteil an einem einzelnen Nachlaßgegenstand, nämlich am Grundstück aufgelassen; eine gültige Auflassung kommt aber auch hier aus den oben unter I a 6 genannten Gründen nicht in Frage, durch die Umschreibung des $\frac{1}{3}$ Anteils auf Beck ist also das Grundbuch des weiteren unrichtig geworden.

7. Ernst und Hans Alt können also hier beantragen, daß das Grundbuch zuerst auf Grund des ersten Erbscheins auf Ernst, Hans und Max Alt, und daß es sodann auf Grund der Erbteilsübertragungsurkunde vom 15. März 1929 auf Ernst und Hans Alt in Erbengemeinschaft berichtigt wird.

I c.

1. Zu dem Verlangen der Brüder Ernst und Hans Alt nach Berichtigung des Grundbuchs (Aufgabe V 2) ist also zu sagen: Wird der Tatbestand unter I a als gegeben angenommen, so können sie Berichtigung auf Ernst, Hans und Max Alt bzw. Kurz, in Erbengemeinschaft verlangen. Wird der Tatbestand unter I b als gegeben angenommen, so können sie Berichtigung auf Ernst und Hans Alt in Erbengemeinschaft beantragen. Der Einwand des Beck wegen des gutgläubigen Erwerbs wäre nur im zweiten Falle von Bedeutung, wäre aber unbegründet, s. I b 6. Zur entsprechenden Berichtigung des Grundbuchs wäre übrigens die Eintragungsbewilligung des Kurz nach §§ 894 BGB. und 19, 29 GBO. nicht unbedingt erforderlich, die Unrichtigkeit könnte auch durch Vorlage der hier in Frage kommenden Urkunden nach §§ 22, 29 GBO. nachgewiesen werden.

2. Zu dem in der Aufgabe unter V 2 erwähnten zweiten Einwand des Beck ist zu sagen: An sich ist die Einrede des Zurückbehaltungsrechtes auch gegenüber einem Berichtigungsanspruch zulässig (Staudinger § 894 Anm. V 2). Ernst und Hans Alt machen aber ihren Berichtigungsanspruch als Miterben und Gesamthandseigentümer der Pl.-Nr. 180 geltend, während der Gewährschaftsanspruch des Beck gegen Ernst Alt allein geht, und zwar wegen des am 15. September 1929 geschlossenen Kaufs des Anwesens Hs.-Nr. 10; es fehlt also bei Beck an einem fälligen Anspruche aus demselben rechtlichen Verhältnis nach § 273 Abs. 1 BGB., sein Zurückhaltungsrecht, hier also die Weigerung zur Einwilligung in die Grundbuchberichtigung, ist also nicht begründet; s. auch § 2040 Abs. 2 BGB. Auch Verwendungen auf Pl.-Nr. 180 oder ein durch Pl.-Nr. 180 verursachter Schaden im Sinne des § 273 Abs. 2 BGB. kommt nicht in Frage.

3. Beck verlangt von Kurz vorsorglich Schadensersatz wegen Nichterfüllung.

Nachdem das Grundstück Pl.-Nr. 180 nur mehr den einzigen Nachlaßgegenstand bildete, muß die Urkunde vom 10. Mai 1929 nach §§ 133, 157 BGB. dahin ausgelegt werden, daß in ihr neben den anderen Vereinbarungen auch die Verpflichtung des Kraus, den Erbteil an Beck zu übereignen, auf Grund Kaufvertrags übernommen werden wollte. Kurz ist also nach § 433 Abs. 1 Satz 2 BGB. verpflichtet, dem Beck den Erbanteil zu verschaffen, nach § 2376 BGB. haftet er dafür, daß ihm das Erbrecht bzw. der Erbanteil zusteht. Ist dem Verkäufer die Leistung infolge eines Umstandes, den er zu vertreten hat, unmöglich, so ist der Käufer nach §§ 440 Abs. 1 und 325 BGB. zum Schadensersatz berechtigt.

a) Haben die Urkunden vom 9. Februar 1929 und 15. März 1929 den unter I a oben genannten Inhalt, so ist zwar dem Kurz, der noch Erbteilsberechtigter ist, die Leistung zur Zeit noch möglich; es werden aber jedenfalls Ernst und Hans auf Übereignung der Pl.-Nr. 180 auf sie auf Grund der mit Urkunde vom 9. Februar 1929 eingegangenen Verpflichtung bestehen; damit ist der seines Inhaltes beraubte Nachlaß und mit ihm der Erbteil wirtschaftlich wertlos, eine Leistung des Erbanteils im Sinne der Urkunde vom 10. Mai 1929 ist nicht mehr möglich. Haben aber die beiden vorgenannten Urkunden den unter I b genannten Sinn, so steht dem Kurz ein Erbanteil überhaupt nicht mehr zu, die Leistung ist ihm ohne weiteres unmöglich.

b) Kurz hat aber die Unmöglichkeit, die im Fall I b stets gegeben ist, im Fall I a dann, wenn die Brüder Alt ihre Rechte rechtzeitig geltend machen, auch zu vertreten, er hat zum mindesten fahrlässig nach § 276 BGB. gehandelt; denn als Erbe des Max Alt war er verpflichtet, über die auf dessen Nachlaß bezüglichen Verhältnisse sich zu unterrichten, er hätte von den Miterben Ernst und Hans Auskunft erholen sollen.

c) Kurz ist also bei Unmöglichkeit der Leistung zum Schadensersatz verpflichtet. Dieser umfaßt nach § 249 BGB. damnum emergens, er muß also den Kaufpreis mit 10000 *RM* zurückzahlen; ferner nach § 252 BGB. lucrum cessans, Beck kann auch den entgangenen Gewinn verlangen, wenn er nachweisen kann, daß er willens und in der Lage gewesen sei, den Anteil um 15000 *RM* weiter zu veräußern.

II.

1. Mit Auflassung vom 15. Oktober 1929 und Eintragung vom 21. Oktober 1929 ist das Eigentum am Anwesen Nr. 10 in Felden von Ernst Alt auf Beck nach §§ 873, 925 BGB. übergegangen. Wie sich aus § 313 Satz 2 BGB. ergibt, ist zwar zur Übereignung die vorherige Beurkundung eines notariellen Kaufvertrags nicht nötig, doch soll nach § 98 GBO. mit Art. 12 AG.z.GBO. in Bayern das Grundbuchamt oder der Notar die Auflassung nur entgegennehmen, wenn ein notarieller Verpflichtungsvertrag nach § 313 BGB. vorgelegt oder gleichzeitig vom Notar beurkundet wird.

2. Am 22. Oktober 1929 schloß Beck mit Claus einen notariell beglaubigten Vorpachtungsvertrag auf die Dauer von fünf Jahren. Ein Pachtrecht kann nur mit persönlicher Wirkung, also mit Wirkung nur unter den Kontrahenten, vereinbart werden. Daß für die persönlichen Rechte Vertragsfreiheit besteht, so kann, entsprechend dem Vorkaufsrecht des § 504 BGB. auch ein Vorpachtungsrecht vereinbart werden mit der Wirkung, daß das Recht des Claus zur Ausübung des Vorpachtungsrechtes dann eintritt, sobald Beck einen Pachtvertrag mit einem Dritten geschlossen hat, und zwar zu den von Beck mit dem Dritten vereinbarten Bedingungen. Auch das Vorpachtungsrecht ist ein persönliches Recht. Da für dingliche Rechte numerus clausus besteht, kann dieses persönliche Recht nicht zu einem dinglichen gestaltet werden. Die Eintragung des Rechtes in das Grundbuch war daher nach § 54 Abs. 1 Satz 2 GBO. unzulässig und hätte sofort wieder von Amts wegen gelöscht werden sollen. Notarielle Beglaubigung (§ 129 BGB.) war zur Entstehung des persönlichen Verpachtungsrechtes nicht nötig, es hätte schriftliche Form (§ 126 BGB.) nach §§ 581 Abs. 2 mit 566 BGB. genügt.

3. Mit Einigung vom 25. Oktober 1929 und Eintragung vom 28. Oktober 1929 hat die G. m. b. H. Agraria einen Nießbrauch nach §§ 1030 ff. BGB. am Anwesen Nr. 10 erworben, § 873 BGB. Notarielle Beurkundung des Ver-

trags war nicht nötig; materiell-rechtlich genügte formloser Vertrag, formell-rechtlich, also zwecks Eintragung im Grundbuch, war sogar die einseitige Eintragungsbewilligung des Beck nach § 19 GBO. genügend, die allerdings einer der Formen des § 29 GBO. bedurfte.

4. Die nießbrauchberechtigte Agraria schloß mit Dorn am 29. Oktober 1929 einen schriftlichen (§§ 566, 581) Pachtvertrag auf drei Jahre, die Überlassung der Grundstücke an Dorn (§ 571 BGB.) erfolgte am 1. November 1929. Dieser Pachtvertrag ist rechtsgültig; nach § 1059 ist zwar der Nießbrauch nicht übertragbar, wohl aber kann die Ausübung einem andern überlassen werden.

5. Claus hat am 10. November 1929 dem Beck und vorsorglich der Agraria gegenüber erklärt, daß er sein Vorpachtrecht gegenüber dem Nießbrauchvertrag und vorsorglich gegenüber dem Pachtvertrag ausübe. Eine Feststellungsklage dahin, daß Claus mit dieser Erklärung in den einen oder anderen Vertrag eingetreten sei, hat keine Aussicht auf Erfolg. In den Vertrag zwischen Beck und Agraria könnte er nur eintreten, wenn ein persönlicher Pachtvertrag zwischen diesen abgeschlossen worden wäre, in das vereinbarte dingliche Nießbrauchrecht kann er nicht eintreten; Claus kann gegen Beck nur Schadensersatz wegen doloser Nichterfüllung geltend machen. In den Vertrag zwischen Agraria und Dorn kann er nicht eintreten, weil Claus mit Agraria in keinem Vertragsverhältnis steht, Agraria also gegenüber Claus keine Verpflichtungen hat. Das gleiche gilt für das Verhältnis zwischen Claus und Dorn.

III.

Angenommen, Erwerber Beck habe beim Kaufe arglistig verschwiegen, daß in dem Anwesen ein größeres Tonlager sei und Veräußerer Alt hätte, wenn er davon Kenntnis gehabt hätte, das Anwesen nicht um 100 000 *RM*, sondern nur um 150 000 *RM* verkauft. Kann Alt hiewegen das Rechtsgeschäft anfechten oder eine Schadensersatzforderung zu 50 000 *RM* geltend machen?

Eine arglistige Täuschung würde vorliegen, wenn eine Pflicht des Käufers zum Nichtverschweigen bestanden hätte; eine solche Pflicht ist aber nur dann als bestehend anzusehen, wenn sie in der Verkehrssitte, in den guten Sitten oder in der Rücksicht auf Treu und Glauben wurzelt (Staudinger 1925, § 123 Anm. IV 1). Der Käufer ist aber im allgemeinen nicht verpflichtet, den Verkäufer auf einen Irrtum in der Preisberechnung aufmerksam zu machen. Sache des Verkäufers ist es, sich von der Beschaffenheit der Sache entsprechend zu unterrichten. Anfechtung wegen arglistiger Täuschung nach § 123 BGB. kommt daher hier nicht in Frage; auch kein Schadensersatzanspruch nach §§ 823 oder 826, da die Voraussetzungen hiefür nicht vorhanden sind.

Eine andere Frage ist, ob der Verkäufer Kaufvertrag und Auflassung nach § 119 Abs. 2 BGB. anfechten kann.

Nr. 9.

Staatsprüfung 1930, I. Abt. 2. Aufgabe.

I.

Die ursprünglichen Eigentumsrechte an den gelieferten Sachen.

1. Leim hat die Wandschränke und die übrigen Möbel auf Grund Werklieferungsvertrags nach § 651 BGB. geliefert; da es sich um vertretbare Sachen handelt, finden nach § 651 Abs. 1 Satz 2 BGB. die Vorschriften über den Kauf Anwendung; es konnte daher Eigentumsvorbehalt nach § 455 BGB. vereinbart werden.

a) Die Wandschränke sind zur Herstellung des Gasthofgebäudes in dieses eingefügt worden; sie sind daher nach § 94 Abs. 2 BGB. wesentliche Bestandteile des Gebäudes; dieses ist nach § 94 Abs. 1 wesentlicher Bestandteil des Grund und Bodens. Grund und Boden gehört dem Stein. Da nach § 93 wesentliche Bestandteile nicht Gegenstand besonderer Rechte sein können, ist das Gebäude und sind mit ihm die Wandschränke Eigentum des Stein geworden; s. auch § 946 BGB. Der Eigentumsvorbehalt hat gegenüber der sachenrechtlichen Wirkung der Verbindung seine Wirkung verloren; s. RGRKomm., 1929, § 455 Anm. 2.

b) Die übrigen Möbel sind nach §§ 97, 98 BGB. Zubehör des Gasthofs geworden, der Eigentumsvorbehalt wirkt hier fort, sie sind also Eigentum des Leim. Hätte Leim für jedes Stockwerk eine gesonderte Rechnung ausgestellt, so hätte das Erlöschen des Eigentumsvorbehaltes für die einzelnen Stockwerkseinrichtungen (mit Ausnahme der Schränke) vereinbart werden können, Staudinger, 1928, § 455 Anm. II 2 d und RG. in BayZ. Bd. I S. 178; eine solche gesonderte Rechnung wurde aber nicht ausgestellt; das Zubehör bleibt also Eigentum des Leim, bis es ganz bezahlt ist.

2. Rohr lieferte das Läutwerk, die Wasserleitungs- und Beleuchtungsanlage und für jedes Stockwerk eine Bade-

zimmereinrichtung mit je zwei Badewannen, gleichfalls auf Grund Werklieferungsvertrags und unter Eigentumsvorbehalt.

a) Die drei ersten Gruppen von Gegenständen sind wie die Wandschränke mit Einfügung wesentliche Bestandteile des Gebäudes und damit Eigentum des Stein geworden.

b) Das gleiche ist bei den drei neuen Badewannen der Fall.

c) Auch die drei alten Badewannen waren mit Einfügung wesentliche Bestandteile und damit Eigentum des Stein geworden; sie wurden aber, da sie zu klein waren, wieder herausgerissen, und da Rohr die Rücknahme verweigerte, im Speicher des nahegelegenen Landhauses des Stein verwahrt, um vorübergehend als Ersatz für die neuen Badewannen zu dienen. Mit dem Herausreißen haben sie aufgehört, wesentliche Bestandteile zu sein, mit der neuen Zweckbestimmung sind sie Zubehör des Hotels nach §§ 97, 98 geworden, zumal sie auch in einem der Bestimmung entsprechenden räumlichen Verhältnis stehen. Die bloße Vereinbarung zwischen Rohr und Stein, daß der Eigentumsvorbehalt an ihnen aufrecht erhalten werde, genügt hier zur Rückübereignung nicht, nachdem sie einmal in das Eigentum des Stein gelangt waren. Zur Rückübereignung wäre ein Vertrag nach §§ 929 oder 930 erforderlich gewesen; äußerstenfalls kann die getroffene Vereinbarung nach § 140 als Verpflichtungsvertrag zur Rückübereignung angesehen werden.

3. Schaum lieferte auf Grund Kaufvertrags nach §§ 433 ff., unter Eigentumsvorbehalt einen Bierdruckapparat. Auch dieser wurde Zubehör nach §§ 97, 98. Der Umstand, daß der Apparat „zunächst“ nicht angebracht wurde, hindert daran nicht; denn es kommt nicht darauf an, ob die Sachen wirklich dem Zwecke der Hauptsache dienen, sondern darauf, ob sie zu dienen bestimmt sind; RGRKomm. § 97 Anm. 7.

4. Rad lieferte auf Grund Kaufvertrags unter Eigentumsvorbehalt einen Hotelkraftwagen; auch er wurde Zubehör nach §§ 97, 98.

I a.

Es bestehen also zunächst folgende Eigentums- und Rechtsverhältnisse:

1. An den von Leim gelieferten Sachen:

a) die Wandschränke sind wesentliche Bestandteile des Gebäudes und damit Eigentum des Stein;

b) die übrigen Gegenstände sind Zubehör und noch Eigentum des Leim.

2. An den von Rohr gelieferten Sachen:

a) Läutwerk, Wasserleitungs- und Beleuchtungsanlage sind wesentliche Bestandteile des Gebäudes und damit Eigentum des Stein;

b) die drei neuen Badewannen desgleichen;

c) die drei alten Badewannen sind Zubehör und gleichfalls Eigentum des Stein.

3. Der von Schaum gelieferte Bierdruckapparat ist Zubehör und Eigentum des Schaum;

4. Der von Rad gelieferte Wagen ist Zubehör und Eigentum des Rad.

Das Anbringen von auf das Eigentum von Rohr hinweisenden Metallschildchen an den Badewannen ist für die wirklichen Eigentumsverhältnisse ohne jede Bedeutung.

II.

Erstreckung der Hypothek des Gold.

Die Hypothek ist nach § 873 BGB. mit dem 1. August 1929 entstanden.

Damals waren die Sachen des Leim schon geliefert; die Hypothek erstreckte sich auf die Schränke, § 93; nicht aber auf die im Eigentum des Leim verbliebenen Zubehörstücke, § 1120 Ende.

Desgleichen waren damals von Rohr schon die Anlagen und die drei alten Badewannen geliefert; auf sie erstreckte sich die Hypothek nach § 93; aus dem gleichen Grunde auf die nach Hypothekbestellung eingefügten drei neuen Badewannen; aber auch die drei alten Badewannen blieben der Hypothek nach § 1120 verhaftet; denn gehören Zubehörstücke dem Grundstückseigentümer, so ist es für die Haftung gleichgültig, ob sie die Zubehöreigenschaft schon vor oder erst nach der Hypothekbestellung erlangt haben; RGRKomm. § 1120 Anm. 5.

Die Sachen von Schaum und Rad wurden erst nach Hypothekbestellung Zubehör des Grundstücks; da sie nicht in das Eigentum des Grundstückseigentümers gelangt sind, wurden sie nach § 1120 von der Hypothek nicht ergriffen.

Es ergibt sich hienach folgendes Gesamtbild für Eigentum und Hypothekbelastung:

1. Sachen des Leim:

a) die Wandschränke sind wesentliche Bestandteile, Eigentum des Stein und hypothekbelastet;

b) die übrigen Sachen sind Zubehör, Eigentum des Leim und lastenfrei.

2. Sachen des Rohr:

a) die Anlagen sind wesentliche Bestandteile, Eigentum des Stein und hypothekbelastet;

b) die drei neuen Badewannen sind wesentliche Bestandteile, Eigentum des Stein und belastet;

c) die drei alten Badewannen sind Zubehör, Eigentum des Stein und belastet.

3. Der Apparat des Schaum ist Zubehör, Eigentum des Schaum und lastenfrei.

4. Der Wagen des Rad ist desgleichen Zubehör, Eigentum des Rad und lastenfrei.

III.

Sicherungsübereignung und Pfändung für Hoch.

1. Sicherungsübereignung.

a) Die Wandschränke konnten wegen des § 93 BGB. nicht übereignet werden, der Vertrag ist unwirksam.

b) Die übrigen Gegenstände hätten an sich nach § 930 übereignet werden können; da sie aber dem Veräußerer Stein nicht gehörten, so hätte nach § 933 gutgläubiger Eigentumserwerb nur durch Übergabe an den Erwerber eintreten können, eine solche Übergabe ist aber nicht erfolgt. Hievon abgesehen ist aber der Vertrag schon wegen seiner unbestimmten Fassung nichtig; denn zu der gesamten inneren Einrichtung gehören auch die übrigen Gegenstände, wie Vorhänge, Bilder, Beleuchtungskörper, aus dem Vertrag geht aber nicht hervor, ob auch diese mitübereignet werden wollten.

2. Pfändung.

a) Die Pfändung der Wandschränke ist aus § 93 unzulässig; sowohl der Eigentümer Stein wie der Hypothekgläubiger Gold können nach § 766 ZPO. Einwendungen erheben.

b) Hoch hat nun des weiteren auch die übrigen von Leim für das zweite und dritte Stockwerk gelieferten Einrichtungsgegenstände pfänden lassen. Wären diese Gegenstände, die Zubehör sind, Eigentum des Grundstückseigentümers Stein, so wäre die Pfändung nach § 865 Abs. 2 Satz 1 ZPO. unzulässig, gegen die trotzdem vorgenommene Pfändung wären Einwendungen nach § 766 ZPO. zulässig. Hoch ist aber nun offenbar der Ansicht, sie seien durch die Sicherungsübereignung sein Eigentum geworden; Zubehör, das nicht im Eigentum des Grundstückseigentümers steht, ist nach § 865 Abs. 2 Satz 2 pfändbar; und läßt der Gläubiger ihm selbst gehörige Sachen pfänden, so entsteht zwar dadurch kein Pfandrecht, wohl aber ist die Pfändung eigener Sachen des Gläubigers auch ohne Pfandrecht zulässig und rechtsmäßig und kann mangels eines Widerspruchs des Gläubiger-Eigentümers ordnungsgemäß zu Ende geführt werden; Stein-Jonas, 1926, § 804 Anm. II 4. In Wahrheit gehören aber die gepfändeten Zubehörstücke dem Leim; auch hier ist die Pfändung nach § 865 Abs. 2 Satz 2 ZPO. an sich zulässig, Leim als Eigentümer kann aber gegen die Pfändung des Hoch Widerspruchsklage nach § 771 ZPO. erheben. Auf jeden Fall ist durch die Pfändung der nicht dem Grundstückseigentümer gehörigen Zubehörstücke ein formelles Pfandrecht entstanden. Die nachträgliche Entfernung der Pfandzeichen ist für die Fortdauer der Pfändung ohne Wirkung; Stein-Jonas § 803 Anm. II 5 Abs. 2 a. E.

c) Für den Fall, daß auch die übrigen Einrichtungsgegenstände gepfändet worden wären, also Vorhänge, Bilder, Beleuchtungskörper usw., die Zubehör und offenbar Eigentum des Grundstückseigentümers sind, läge eine unzulässige Pfändung nach § 865 Abs. 2 Satz 1 ZPO. vor, gegen die Einwendungen nach § 766 ZPO. zulässig wären.

3. Die Wandschränke sind also nach wie vor Eigentum des Grundstückseigentümers Stein, die Pfändung ist wirkungslos. Die übrigen von Leim gelieferten Gegenstände sind nach wie vor dessen Eigentum, aber mit einem formellen Pfandrecht des Hoch belastet.

IV.

Die einzelnen Fälle von Absatz VI der Aufgabe.

1. Der privatschriftliche Kaufvertrag vom 1. Januar 1930 ist nach §§ 313, 135 nichtig.

2. Bei Gelegenheit des notariellen Kaufvertrags vom 1. Februar 1930 wurden zwischen Stein und Wirth Schuldübernahmeverträge nach § 415 geschlossen; mit den am 2. und 3. Februar 1930 erfolgten Genehmigungen der Gläubiger sind sie nach § 415 Abs. 1 wirksam geworden; von Leim konnte auch eine bedingte Genehmigung abgegeben werden (Staudinger, 1930, § 414 Anm. 1 c), mit Eintritt der Bedingung am 4. Februar 1930 ist auch diese wirksam geworden. Auch der Hypothekengläubiger Gold hat die Schuldübernahme nach § 415 genehmigt, bei der demnächstigen Grundstücksveräußerung kommt daher eine Schuldübernahme nach § 416 nicht mehr in Frage. Stein ist damit als Schuldner der verschiedenen Forderungen ausgeschieden, neuer persönlicher Schuldner ist nunmehr Wirth.

3. Zur Sicherung der Forderung des Hoch gegen Stein bestand ein formelles Pfändungspfandrecht an den dem Leim gehörigen Zubehörstücken; infolge der Schuldübernahme ist dieses Pfandrecht erloschen, § 418 Satz 1, denn Leim hat in diese Schuldübernahme nicht nach § 418 Satz 3 eingewilligt.

4. Die Sicherungshypothek des Gold konnte nach § 1186 in eine gewöhnliche Buch- oder Briefhypothek umgewandelt werden, die Zins- und Zahlungsbestimmungen konnten nach § 877 geändert werden, Zinsen zu 5% hätten, selbst wenn gleich- oder nachstehende Berechtigte vorhanden gewesen

wären, deren Zustimmung nach § 1119 nicht gebraucht; zur Unterwerfung unter die sofortige Zwangsvollstreckung war notarielle Beurkundung nach § 794 Ziff. 5 ZPO., Art. 141 EG.z.BGB., Art. 167 AG.z.BGB. erforderlich.

5. Mit Auflassung vom 1. Februar 1930 und Eintragung vom 5. Februar 1930 ging das Gasthofanwesen nach §§ 873, 925 BGB. von Stein auf Wirth über.

Damit sind auch die wesentlichen Bestandteile (s. I a, 1 a und 2 a b) nach § 93 auf Wirth übergegangen; desgleichen die als Zubehör dem Stein gehörenden drei alten Badewannen (s. I a, 2 c), nachdem sich nach § 926 Abs. 1 die Veräußerung nicht nur im Zweifel auf das Zubehör erstreckt, sondern hier Mitübereignung des Zubehörs sogar ausdrücklich gewollt war. Auch das fremde Zubehör (s. I a, 1 b 3 und 4) wäre nach § 926 Abs. 2 ins Eigentum des Wirth übergegangen, wenn er zur Zeit der Grundstücksübereignung im gutgläubigen Besitz dieser Sachen gewesen wäre; die Grundstücksübereignung erfolgte aber erst mit der Eintragung im Grundbuch vom 5. Februar 1930, und am Tage vorher erfuhr er vom Eigentumsvorbehalte des Leim, Schaum und Rad; die diesen gehörigen Sachen blieben also in deren Eigentum; dagegen gingen die drei alten Badewannen des Rohr trotz des vermeintlichen bösen Glaubens des Erwerbers Wirth in dessen Eigentum über, da sie ja tatsächlich Eigentum des Veräußerers waren. Das Verschweigen der für Hoch erfolgten Sicherungsübereignung und Pfändung war ohne Bedeutung, da erstere überhaupt wirkungslos war und das Pfandrecht durch die Schuldübernahme erloschen war.

6. Die Teilzahlungen bezüglich des Druckapparates und des Wagens haben eine Änderung der daran bestehenden dinglichen Rechte nicht bewirkt.

V.

Das weitere rechtliche Schicksal der von Leim gelieferten Gegenstände.

1. Hoch ist offenbar der Meinung, daß er an allen Gegenständen durch Sicherungsübereignung und Pfändung Eigentum und Pfandrecht erworben habe. Leim war offen-

bar der Meinung, daß er daran kraft seines Eigentumsvorbehaltes noch Eigentum habe. Die Rechtslage ist aber die: die Wandschränke sind als wesentliche Bestandteile des Hauses Eigentum des Wirth geworden, die Zubehörstücke sind freies Eigentum des Leim, da die Sicherungsübereignung an Hoch unwirksam war, dessen formelles Pfandrecht durch die Schuldübernahme erloschen ist und Wirth infolge seines bösen Glaubens Eigentum nicht erwerben konnte.

2. Die nunmehr von Leim veranlaßte Pfändung der Schränke war nach § 93 wirkungslos. Dagegen konnte er die Zubehörstücke, obwohl sie sein Eigentum waren, pfänden lassen, ein materielles Pfandrecht ist allerdings dadurch nicht entstanden; s. Stein-Jonas § 804 Anm. II 4 und § 808 Anm. I 1 a. E.

3. Die Aufforderung des Leim an Hoch hätte nicht dahin lauten sollen, auf seine Rechte aus Sicherungsübereignung und Pfändung zu verzichten, sondern anzuerkennen, daß ihm Rechte an den Schränken als wesentlichen Bestandteilen überhaupt nicht zustehen, und daß er ferner an den Zubehörstücken Eigentum niemals erworben habe, sein Pfandrecht aber durch die Schuldübernahme erloschen sei.

4. Die Vereinbarung zwischen Leim und Hoch vom 24. Februar 1930 stellt sich als Vergleich nach § 779 dar. Leim hat seine Forderung zu 9000 RM gegen Wirth nach §§ 433 Abs. 1 Satz 2 und § 398 verkauft und abgetreten. Hätte nun Leim infolge seiner kürzlich erfolgten Pfändung von Wandschränken und Zubehörstücken ein materielles Pfandrecht daran gehabt, so wäre dies nach § 401 allerdings mit der Forderung auf Hoch übergegangen; wie aber unter 2. oben gezeigt, bestand kein solches Pfandrecht und konnte daher auch nicht übergehen. Aber auch die Eigentumsvorbehaltsrechte des Leim an den Zubehörstücken sind mit der Forderung auf Hoch nicht übergegangen, denn der Eigentumsvorbehalt gehört nicht zu den Rechten, die nach § 401 mit der Forderung auf den neuen Gläubiger übergehen. Die Rechtslage ist vielmehr die: Durch die Abtretung seiner Forderung an Hoch hat Leim gegen Wirth keine Forderung mehr; der Eigentumsvorbehalt ist damit erloschen, das bis-

her aufschiebend bedingte Eigentum des Wirth ist zum unbedingten Eigentum des Wirth geworden; diese Einrichtungsgegenstände sind nunmehr Zubehör im Eigentum des Grundstückseigentümers Wirth, infolgedessen werden sie nunmehr von der Hypothek des Gold erfaßt; s. RGRKomm. § 1120 Anm. 5 a. E. Zur Übereignung der Gegenstände von Leim an Hoch wäre ein Übereignungsvertrag nach § 931 erforderlich gewesen und zwar vor Abtretung der Forderung; ein solcher wurde aber nicht abgeschlossen.

VI.

Die Anordnung der Zwangsversteigerung.

1. Die Rechtslage ist nunmehr die:

1 a. Die Wandschränke sind wesentliche Bestandteile und Eigentum des Wirth.

1 b. Die übrigen Einrichtungsgegenstände sind Zubehör und Eigentum des Wirth.

2 a. Die Anlagen sind wesentliche Bestandteile und Eigentum des Wirth.

2 b. Die drei neuen Badewannen sind wesentliche Bestandteile und Eigentum des Wirth.

2 c. Die drei alten Badewannen sind Zubehör und Eigentum des Wirth.

3. Der Bierdruckapparat ist Zubehör und Eigentum des Schaum.

4. Das Auto ist Zubehör und Eigentum des Rad.

Auf die Gegenstände unter 1 und 2 erstreckt sich die Hypothek des Gold, nicht aber auf jene unter 3 und 4, §§ 93, 1120 BGB.

2. Durch Beschluß des AG. Felden vom 26. Februar 1930 wurde auf Betreiben des Gläubigers Gold die Zwangsversteigerung des Gasthofanwesens des Wirth angeordnet nach § 15 ZwVG.

Damit trat nach § 20 Abs. 1 ZwVG. zugunsten dieses Gläubigers die Beschlagnahme des Grundstücks ein, d. h. es besteht nun ein Veräußerungsverbot (§ 23 Abs. 1 ZwVG.), allerdings nur ein relatives zugunsten des Beschlagnahmegläubigers Gold im Sinne der §§ 135, 136 BGB.

Der Beschluß wurde dem Schuldner am 27. Februar zugestellt; das Gericht hat das Grundbuchamt nach § 19 Abs. 1 ZwVG. um Eintragung der Anordnung ersucht, dieses Ersuchen ist dort am 28. Februar eingelaufen und an diesem Tage noch vollzogen worden. Nach § 22 Abs. 1 ZwVG. ist daher die Beschlagnahme nicht erst mit dem Zeitpunkte des Zugehens des Ersuchens, also am 28. Februar, sondern schon mit Zustellung des Beschlusses, also mit dem 27. Februar wirksam geworden.

3. Die Beschlagnahme umfaßt nach § 20 Abs. 2 ZwVG. auch diejenigen Gegenstände, auf welche sich bei einem Grundstück die Hypothek erstreckt; nach § 1120 BGB. sind daher auch die im Eigentum des Wirth stehenden Zubehörstücke unter 1 b und 2 c von der Beschlagnahme und dem Veräußerungsverbot erfaßt worden, nicht aber die unter 3 und 4. (Die wesentlichen Bestandteile unter 1 a, 2 a b wurden schon auf Grund der §§ 93 BGB. und 20 Abs. 1 ZwVG. erfaßt.)

4. Am 1. März hat der Schwiegervater des Wirth den Kaufpreisrest für den Bierdruckapparat gezahlt; damit ist auch der Apparat Zubehör im Eigentum des Grundstückseigentümers Wirth geworden; s. oben V 4. Die Folge ist: auf ihn erstreckt sich nicht nur nachträglich die Hypothek (s. oben V 4 und RGRKomm. § 1120 Anm. 5 a. E.), sondern ihn umfaßt auch nachträglich die Beschlagnahme (Steiner, 1929, § 21 Anm. 2 B a drittletzter Absatz; Staudinger, 1926, § 1120 S. 1050 unten und S. 1051 oben).

VII.

Veräußerung der drei alten Badewannen, des Bierdruckapparates und des Autos.

1. Am 15. März 1930 hat Wirth diese Gegenstände (2 c, 3 und 4) an Hoch veräußert, und zwar nach § 930 BGB.

a) Das Verschweigen der vermeintlichen Eigentumsvorbehalte seitens des Veräußerers bezüglich der Badewannen und des Apparates ist ohne Bedeutung, denn sie sind ja Eigentum des Wirth. Hoch hatte aber auch keine Kenntnis von der Beschlagnahme. Trotzdem ist gutgläubiger Erwerb ausgeschlossen, weil der Versteigerungsvermerk beim Grundstück schon eingetragen ist, und nach § 23 Abs. 2 Satz 2 ZwVG. nach Eintragung dieses Vermerks die Beschlagnahme auch in Ansehung der mithaftenden Sachen als bekannt fingiert wird. Wären nun diese Gegenstände dem Erwerber zu Besitz übergeben worden, so wäre eine Übereignung entstanden nach §§ 135 Abs. 2 und 933 BGB., die nur dem Beschlagnahmegläubiger Gold gegenüber relativ unwirksam war; nachdem aber auch Besitz nicht übergeben wurde, war die Übereignung überhaupt, absolut, unwirksam; s. auch Steiner § 23 Anm. 2 B.

b) Das Auto ist noch Eigentum des Rad. Hier ist das Verschweigen der Beschlagnahme ohne Bedeutung, da es nach § 20 Abs. 2 ZwVG. und § 1120 von der Beschlagnahme überhaupt nicht erfaßt wird. Nachdem es aber dem Veräußerer nicht gehörte, hätte gutgläubiger Erwerb nach § 933 BGB. erst mit Übergabe des Besitzes eintreten können, diese ist aber nicht erfolgt.

c) Die Veräußerungen waren also vorerst nach jeder Richtung absolut unwirksam.

2. Nun ist aber später Erwerber Hoch in den Besitz dieser Gegenstände gekommen, denn sie wurden in sein Anwesen nach Wies verbracht.

a) Damit hat Hoch an den Badewannen und am Bierdruckapparat ein, allerdings dem Gold gegenüber unwirksames, Eigentum erworben.

b) Das Auto ist inzwischen durch die Restzahlung des Hoch in das Eigentum des Wirth gekommen, und wurde damit von der Hypothek und der Beschlagnahme des Gold erfaßt; mit der nachherigen Besitzübertragung ist es, ohne daß eine Wiederholung der Willenseinigung über den Eigentumsübergang notwendig war (Staudinger, 1926, § 933 Anm. 2) Eigentum des Hoch geworden, allerdings war auch diese Übereignung dem Gold gegenüber unwirksam.

VIII.

Verkauf und Übereignung dieser Gegenstände an Gut.

Gut war an sich gutgläubig, die Gegenstände wurden ihm nach § 929 BGB. übergeben; er hätte also an sich Eigentum erwerben können. Aber auch hier gilt § 23 Abs. 2 Satz 2 ZwVG.; auch der Eigentumserwerb des Gut ist daher dem Gold gegenüber unwirksam.

IX.

Nach § 55 Abs. 1 ZwVG. erstreckt sich die Versteigerung des Grundstücks auf alle Gegenstände, deren Beschlagnahme noch wirksam ist. Der Ersteher hat also Anspruch auch auf Herausgabe der verschleppten Stücke, wenn nicht durch einen gutgläubigen Erwerb der Herausgabeanspruch vereitelt wird; Jäckel-Güthe, 1929, § 55 Anm. 2. Aus den obigen Ausführungen folgt, daß sich die Beschlagnahme auch auf die drei alten Badewannen, den Bierdruckapparat und das Auto erstreckt und daß ein gutgläubiger Erwerb nicht inmitte liegt. Mit dem Zuschlag wird also der Ersteher nicht nur Eigentümer des zurückgebrachten Autos, sondern auch der vom Grundstück entfernten übrigen Gegenstände. Eine bloße Freigabeerklärung des betreibenden Teils wegen der von der Beschlagnahme erfaßten Zubehörstücke genügt nicht, sie von den Wirkungen des § 55 Abs. 1 ZwVG. zu befreien. Vielmehr ist in der Freigabeerklärung lediglich eine teilweise Antragszurücknahme des betreibenden Teils zu erblicken, auf Grund dieser Erklärung ist das Verfahren in Ansehung der freigegebenen Gegenstände nach § 29 ZwVG. vom Notariat einstweilen einzustellen und sodann vom Vollstreckungsgericht aufzuheben. Steiner, 1929, § 29 Anm. 4; Jäckel-Güthe, 1929, § 23 Anm. 1.

Wird ein solcher Aufhebungsbeschluß nicht erlassen, so gehen also die genannten Gegenstände mit dem Grundstück auf den Ansteigerer über, dies wäre nach § 55 Abs. 2 ZwVG. bei den im Besitze des Schuldners sich befindlichen Zubehörstücken selbst dann der Fall, wenn sie einem Dritten gehören würden und daher von der Beschlagnahme nach § 20 Abs. 2 ZwVG. nicht ergriffen worden wären.

Nr. 10.

Staatsprüfung 1930, I. Abt. 3. Aufgabe.

A.

Die Eigentumsverhältnisse an Pl.-Nr. 2.

1. Pl.-Nr. 2 war im Grundbuch ursprünglich auf Eigentum des Fritz Ruch eingetragen. Er ließ das Grundstück mit notarieller Urkunde vom 1. Juni 1929 unentgeltlich an die Brautleute Karl Schneid und Maria Ruch auf. Diese verehelichten sich und schlossen den Güterstand der allgemeinen Gütergemeinschaft. Das Grundstück wurde sodann am 2. Juli 1929 auf Karl und Maria Schneid in allgemeiner Gütergemeinschaft umgeschrieben. Später wurde die in Pl.-Nr. 2a und Pl.-Nr. 2b vermessene Pl.-Nr. 2 mit dieser Bezeichnung im Grundbuch eingetragen.

2. Karl Schneid hatte sich mit vorgenannter Urkunde dem Fritz Ruch gegenüber verpflichtet, die der Pl.-Nr. 2a entsprechende Teilfläche der Pl.-Nr. 2 an Maria Schneid zu übereignen und als deren Vorbehaltsgut zu erklären. Da Karl Schneid diese Verpflichtung nicht erfüllte, wurde am 11. Januar 1930 auf Antrag des Ruch bei Pl.-Nr. 2a eine Vormerkung mit dem in der Aufgabe genannten Inhalt eingetragen.

3. Pl.-Nr. 2a wurde mit notarieller Urkunde vom 17. Februar 1930 von Karl Schneid an Kurt Baum verkauft und aufgelassen. Umschreibung wurde beantragt. Das Grundbuchamt war aber der Ansicht, daß der beantragten Umschreibung die Vormerkung unter 2. im Wege stehe, und erließ daher am 18. Februar 1930 zur Beseitigung dieses Hindernisses eine Zwischenverfügung, offenbar auf Grund des § 18 Abs. 1 GBO. Dabei wurde eine Frist von einem Monat gesetzt.

4. Vor Ablauf dieser Monatsfrist lief ein Ersuchen des Vollstreckungsgerichtes um Eintragung eines Zwangsversteigerungsvermerkes an Pl.-Nr. 2a für Gold ein. Das Grundbuchamt trug nun am 6. März 1930 eine Amts-

vormerkung zur Sicherung des Anspruchs des Kurt Baum auf Übertragung des Eigentums an Pl.-Nr. 2a ein, offenbar auf Grund des § 18 Abs. 2 GBO.

5. Sodann wurde noch am selben Tage, also am 6. März 1930, der Versteigerungsvermerk für Gold eingetragen.

6. Pl.-Nr. 2a wurde sodann mit notarieller Urkunde vom 12. März 1930 von Karl Schneid in der Meinung, der Kaufvertrag zwischen Schneid und Kurt Baum bestehe nicht mehr, des weiteren an Max Gold verkauft und aufgelassen. Der Umschreibungsantrag wurde aber vom Grundbuchamt mit Verfügung vom 13. März 1930 zurückgewiesen, da sowohl die Vormerkung vom 11. Januar 1930 für Ruch wie auch die Vormerkung vom 6. März 1930 für Baum bzw. für dessen noch nicht ermittelte Erben noch rechtswirksam sei.

B.

Die Einlegung der Eigentumsbeschwerden.

I. Beschwerden des Fritz Ruch.

1. Während Fritz Ruch ursprünglich das Eigentum des Schneid an Pl.-Nr. 2a und 2b stillschweigend anerkannte und nur einen persönlichen Anspruch auf Übereignung der Pl.-Nr. 2a zugunsten der Maria Schneid geltend machte und durch Vormerkung sichern ließ, bestreitet er nunmehr das Eigentum des Karl Schneid an Pl.-Nr. 2a und 2b überhaupt und beantragt im Wege der Beschwerde die Beseitigung der Eintragung des Karl Schneid als Eigentümers (s. A 1).

2. Ferner verlangt er im Beschwerdewege die Löschung des Versteigerungsvermerkes A 5.

3. Diesen beiden Beschwerden hat sich Maria Ruch angeschlossen.

II. Beschwerde der Anna Baum.

Anna Baum, die Alleinerbin ihres Mannes Kurt Baum geworden ist, will auf Grund der notariellen Urkunde vom 17. Februar 1930 als Eigentümerin der Pl.-Nr. 2a umgeschrieben werden. Sie beschwert sich

1. gegen die Vormerkung vom 11. Januar 1930 zugunsten des Ruch (A 2), da diese nach formellem und materiellem Rechte bedeutungslos und daher unbeachtlich sei;

2. ferner gegen die Zwischenverfügung vom 18. Februar 1930 (A 3), da sie nach Grund und Inhalt unzulässig sei.

III. Beschwerden des Max Gold.

Dieser will gleichfalls, und zwar auf Grund der notariellen Urkunde vom 12. März 1930, als Eigentümer der Pl.-Nr. 2a eingetragen werden. Er beschwert sich

1. gegen die Vormerkung vom 11. Januar 1930 zugunsten des Ruch (A 2) aus den auch von der Anna Baum angeführten Gründen;

2. gegen die Vormerkung vom 6. März 1930 zugunsten des Kurt Baum (A 4), da dieser zur Zeit der Eintragung bereits verstorben gewesen und daher die Vormerkung gegenstandslos und nichtig sei;

3. gegen die Abweisungsverfügung vom 13. März 1930 (A 6), weil die Ansicht des Grundbuchamts rechtsirrig sei;

4. diesen Beschwerden hat sich Schneid angeschlossen.

C.

Die Entscheidungen über die Eigentumsbeschwerden.

I 1.

Die Beschwerde des Fritz Ruch gegen die Eintragung des Karl Schneid.

a) Die Beschwerde richtet sich gegen eine Eintragung. Nach § 71 Abs. 2 GBO. kann daher mit Beschwerde nicht die Beseitigung der Eintragung, sondern es kann nur verlangt werden, daß vom Beschwerdegericht das Grundbuchamt angewiesen wird, einen Widerspruch gegen die Eintragung einzutragen. Zwar verlangt Ruch die Beseitigung der Eintragung; wie aber seinerseits ein bestimmter Antrag nicht gestellt werden muß (Meikel-Imhof, 1932, § 73 Anm. 4), so ist anderseits in dem Verlangen, eine Eintragung zu beseitigen, stillschweigend auch das Verlangen enthalten, mindestens einen Widerspruch einzutragen (Güthe-Triebel, 1929, § 71 Anm. 12).

Der Umstand, daß Ruch früher nur einen persönlichen Übereignungsanspruch auf Pl.-Nr. 2a geltend gemacht und zur Sicherung dieses Anspruchs eine Vormerkung hat eintragen lassen (A 2), hindert ihn nicht, nunmehr Eigentum an Pl.-Nr. 2a und 2b zu behaupten und einen dinglichen Eigentumsanspruch daran auf Grund §§ 1004, 894 BGB. geltend zu machen; denn damit verzichtet er stillschweigend auf den persönlichen Anspruch für den Fall des Obsiegens seines dinglichen Anspruchs.

Mit seiner Behauptung, er sei Eigentümer, ist Fritz Ruch zur Beschwerde legitimiert; s. Meikel-Imhof § 71 Anm. 4.

Die Beschwerde mit dem Ziele auf Eintragung eines Widerspruchs ist also ohne Zweifel zulässig.

b) Die Beschwerde ist aber auch begründet. Zwar gibt Ruch selbst keine Begründung der Beschwerde; eine solche ist aber nicht notwendig (Meikel-Imhof § 73 Anm. 4), vielmehr hat das Beschwerdegericht das gesamte Sach- und Rechtsverhältnis daraufhin zu prüfen, ob der gestellte Antrag begründet ist oder nicht (Meikel-Imhof § 77 Anm. 1a γ).

Die Begründetheit der Beschwerde ergibt sich aus folgendem: Nach § 925 Abs. 2 BGB. ist eine Auflassung, die unter einer Bedingung erfolgt, unwirksam, d. h. nichtig. Die Auflassung vom 1. Juni 1929 (A 1) ist nun unter zwei Bedingungen erfolgt: einmal unter der, daß die Brautleute heiraten, dann unter der, daß ein Teil der Pl.-Nr. 2 als Vorbehaltsgut der Maria Schneid erklärt werde. Die nichtige Auflassung wird nicht dadurch wirksam, daß die Bedingtheit später wegfällt, z. B. durch Eintritt der aufschiebenden Bedingung (Planck, 1920, § 925 Anm. 3d β; RGR.-Komm., 1929, § 925 Anm. 14); übrigens ist hier nur die erste, nicht auch die zweite Bedingung erfüllt worden.

Da nun zum rechtsgeschäftlichen Eigentumswechsel nach §§ 873, 925 BGB. Auflassung und Eintragung erforderlich sind, ist durch die auf Grund nichtiger Auflassung erfolgte Umschreibung das Grundbuch unrichtig geworden. Eigentümer sind nicht die im Grundbuch eingetragenen Eheleute Schneid, sondern der dort nicht mehr eingetragene Fritz

Ruch. Die Voraussetzungen des § 54 Abs. 1 Satz 1 GBO. liegen also vor; damit ist die Beschwerde im Sinne des § 71 Abs. 2 Satz 2 GBO. begründet.

c) Es frägt sich, ob auch Maria Schneid zur Beschwerdeführung berechtigt ist. Diese Frage ist zu verneinen. Selbst wenn die Eheleute Schneid im gesetzlichen Güterstand leben würden und demgemäß Pl.-Nr. 2 auf diese zu je ½ Miteigentumsanteil umschrieben worden wäre, wäre die Auflassung nicht nur in der Richtung auf den Miteigentumsanteil des Mannes, sondern auch den der Frau nichtig, nachdem die Auflassung ein einheitliches Rechtsgeschäft bildet, und es hätte daher weder der Mann noch die Frau durch Eintragung Miteigentum erwerben können. Um so mehr, als die Eheleute allgemeine Gütergemeinschaft geschlossen haben, das Vermögen der beiden Eheleute daher nach § 1438 BGB. gemeinschaftliches, untrennbares Gesamtgut wird und daher an einem Gegenstand nur entweder Gesamthandseigentum beider Ehegatten oder Eigentum keines von beiden bestehen kann. Das ganze Grundstück steht daher noch im Alleineigentum des Fritz Ruch, weder Karl noch Maria Schneid haben daran Eigentumsrechte. Die Beschwerde der Maria Schneid ist daher, wenn nicht schon von vorneherein unzulässig wegen mangelnder Legitimation, so doch auf jeden Fall unbegründet.

d) Das Beschwerdegericht hat daher zu entscheiden: Die Beschwerde des Fritz Ruch ist zulässig und begründet, das Grundbuchamt wird angewiesen, bei Pl.-Nr. 2 a b zugunsten des Fritz Ruch einen Widerspruch einzutragen. Die Beschwerde der Maria ist unzulässig bzw. unbegründet.

I 2.

Die Beschwerde des Fritz Ruch gegen die Eintragung des Versteigerungsvermerks.

a) Ordnet das Vollstreckungsgericht die Zwangsversteigerung nach § 15 ZwVG. an und ersucht es das Grundbuchamt um Eintragung des Versteigerungsvermerkes nach § 19 ZwVG., so hat das Grundbuchamt nach § 39 GBO. den Vermerk einzutragen. Hebt das Vollstreckungsgericht das Verfahren nach §§ 28 oder 29 ZwVG. auf und ersucht es das Grundbuchamt um Löschung des Versteigerungsvermerks nach § 34 ZwVG., so hat das Grundbuchamt nach § 39 GBO. den Vermerk zu löschen. Das Grundbuchamt hat kein sachliches Prüfungsrecht gegenüber dem Ersuchen des Vollstreckungsgerichtes (Steiner, 1921, § 34 Anm. 3), es darf also nicht prüfen, ob das Verfahren der ersuchenden Behörde gesetzmäßig war, ob also die von dieser zu prüfenden Voraussetzungen für ihr Ersuchen erfüllt sind; die Verantwortung hiefür trägt allein die ersuchende Behörde, nicht der Grundbuchrichter (Meikel-Imhof § 39 Anm. 3c, letzter Absatz). Daraus folgt:

α) Nur insoweit kann der Eigentümer gegen die vom Grundbuchamt vorgenommene Eintragung des Versteigerungsvermerks unmittelbar Beschwerde einlegen, als er behauptet, das Grundbuchamt habe das Ersuchen des Vollstreckungsgerichtes überschritten, z. B. versehentlich auf einem falschen Grundstück den Vermerk eingetragen. In solchen Fällen kann mit Beschwerde gleich die Löschung des Vermerks beantragt werden, denn dieser ist eine Eintragung, die nicht unter dem Schutz des öffentlichen Glaubens des Grundbuchs steht; s. Meikel-Imhof S. 582 Zeile 1 und KG. in DeutschNotV. 1930 S. 630.

β) Hat dagegen das Grundbuch innerhalb der Grenzen des Ersuchens die Eintragung vollzogen, so läßt sich die Beschlagnahmewirkung nicht einfach durch Beschwerde gegen die Eintragung des Versteigerungsvermerks rückgängig machen; die Aufhebung und Beseitigung dieser Wirkung muß vielmehr in dem Vollstreckungsverfahren betrieben werden mit der Folge, daß das Vollstreckungsgericht das Grundbuchamt um Löschung des Vermerks ersucht. Der Eigentümer muß daher mit sofortiger Beschwerde nach § 95 ZwVG. und § 793 ZPO. gegen das Vollstreckungsgericht vorgehen mit dem Antrage, daß der Beschluß des Vollstreckungsgerichtes aufgehoben wird und dieses das Grundbuchamt um Löschung des Vermerks zu ersuchen hat. Der Eigentümer kann des weiteren auch im Wege der §§ 771, 769 ZPO. seine Rechte geltend machen; s. DeutschNotV. 1930 S. 632.

b) Nachdem sich hier das Grundbuchamt innerhalb des Ersuchens des Vollstreckungsgerichtes gehalten hat, ist daher die Beschwerde des Fritz Ruch als unzulässig zurückzuweisen, desgleichen die Beschwerde der Maria Schneid.

In materieller Hinsicht mag noch bemerkt werden, daß für die Hypothek ein dinglicher Vollstreckungstitel nach §§ 794 Ziff. 5 und 800 ZPO. vorhanden, daß der Vollstreckungstitel nach §§ 727, 750 ZPO. auf Karl Schneid umgestellt und ihm zugestellt war, und daß zur Zwangsvollstreckung in das Gesamtgut nach § 740 ZPO. ein gegen den Ehemann ergangener Titel genügt.

II.

Die Beschwerden der Anna Baum.

Anna Baum, die als Eigentümerin der Pl.-Nr. 2 a eingetragen werden will, steht offenbar auf folgendem Rechtsstandpunkt: Die für Ruch eingetragene Vormerkung vom 11. Januar 1930 (A 2) ist nichtig, sie soll daher im Beschwerdewege gelöscht werden; selbst wenn aber die Vormerkung zu Recht bestehen würde, so würde deren Bestehen doch kein Hindernis gegen die Umschreibung der Pl.-Nr. 2 a auf sie bilden; in diesem Sinne wendet sie sich mit Beschwerde gegen die Zwischenverfügung vom 18. Februar 1930 (A 3).

Nachdem von Ruch das Eigentum von Schneid an Pl.-Nr. 2 a und 2 b bestritten wird, s. oben, ist zuvor zu prüfen, ob eine Legitimation der Baum zur Beschwerdeführung überhaupt besteht. Hätte das Beschwerdegericht mit obigem Beschluß die Beseitigung des Eigentums der Eheleute Schneid angeordnet unter Wiedereintragung des Fritz Ruch als Eigentümers, so könnte auf Grund des zwischen Schneid und Baum am 17. Februar geschlossenen Veräußerungsvertrags eine Umschreibung auf die Baum selbstredend nicht mehr erfolgen; s. auch § 40 GBO. Nachdem aber vom Beschwerdegericht lediglich die Eintragung eines Widerspruchs angeordnet wurde, ist diese Umschreibung keineswegs gehindert; denn es besteht die Möglichkeit, wenn auch nicht die Wahrscheinlichkeit, daß der Eigentumsanspruch und damit der Widerspruch des Ruch zurückgezogen oder im Klagewege abgewiesen wird, und in diesem Fall steht dem gutgläubigen Erwerb des Baum oder seiner Rechtsnachfolgerin nichts mehr im Wege, nachdem Baum zur Zeit der Stellung des Antrags auf Umschreibung noch gutgläubig war (nach § 892 Abs. 2 BGB. mala fides superveniens non nocet), und auch ein Widerspruch nach § 892 Abs. 1 BGB. damals noch nicht eingetragen war. Die Legitimation zur Beschwerdeführung ist daher gegeben.

1.

Beschwerde gegen die Vormerkung vom 11. Januar 1930.

a) Es handelt sich um eine Beschwerde gegen eine Eintragung, denn auch die Vormerkung ist eine Eintragung. Nun kann zwar im allgemeinen gegen Eintragungen mit Beschwerde nicht verlangt werden, daß sie beseitigt werden, sondern nur, daß das Beschwerdegericht das Grundbuchamt anweist, einen Widerspruch gegen die Eintragung einzutragen. Es ist aber auch hier wieder zu unterscheiden, zwischen Eintragungen, die unter dem Schutze des öffentlichen Glaubens des Grundbuchs stehen, und solchen, die einen solchen Schutz nicht genießen. Nur gegen erstere Eintragungen kann mit Beschwerde nur die Eintragung eines Widerspruchs verlangt werden, dagegen kann gegen letztere mit Beschwerde deren Beseitigung verlangt werden. Vormerkungen, deren Eintragung nicht auf Grund einer Eintragungsbewilligung erfolgt ist, stehen nun nicht unter dem Schutze des öffentlichen Glaubens, mit Beschwerde kann daher deren Beseitigung verlangt werden; s. Meikel-Imhof § 71 Anm. 3c; Güthe-Triebel § 71 Anm. 9, § 54 Anm. 13 letzter Absatz; Planck, 1920, § 883 Anm. 3k auf S. 188. Um eine solche Vormerkung handelt es sich hier; es ist daher Beschwerde mit dem Antrag auf Löschung der Vormerkung zulässig. Da Anna Baum amtsbekannte Alleinerbin ihres Mannes geworden ist, steht auch deren persönlicher Beschwerdeberechtigung nichts im Wege.

b) Es ist nunmehr zu untersuchen, ob die Beschwerde auch begründet ist; ergibt die Untersuchung, daß die Vormerkung nichtig ist, so ist die Beschwerde begründet und die Löschung der Vormerkung anzuordnen.

α) Die Vormerkung dient der Sicherung eines persönlichen Anspruchs nach § 883 BGB. Die Rechtsbeständigkeit des persönlichen Anspruchs ist daher Voraussetzung für die Wirksamkeit der Vormerkung (Planck § 883 Anm. 1 a Abs. 3), sie ist ein akzessorisches Recht ähnlich wie die Hypothek. Hat nun Fritz Ruch bzw. Maria Schneid gegen Karl Schneid einen persönlichen Anspruch auf Übereignung der Pl.-Nr. 2 a an Maria Schneid als Vorbehaltsgut, zu dessen Sicherung die Vormerkung also eingetragen werden durfte?

Karl Schneid hat sich mit notarieller Urkunde vom 1. Juli 1929 dem Ruch gegenüber verpflichtet, der Maria Schneid die Pl.-Nr. 2 a zu übereignen und sie durch Ehevertrag nach § 1368 oder § 1440 BGB. als deren Vorbehaltsgut zu erklären. Die Form des § 313 BGB. ist bei dieser Verpflichtung gewahrt.

Es kann nun ein Vertrag zugunsten Dritter nach § 328 BGB. angenommen werden. Durch diesen Vertrag kann der Dritte entweder berechtigt oder nur ermächtigt werden, es kommt nach § 328 Abs. 2 BGB. auf den einzelnen Fall an. Im ersteren Fall kann der Dritte selbständig auf den Anspruch verzichten und ist damit der Anspruch nach §§ 333, 397 BGB. erloschen, zur Aufhebung des Anspruchs ist dabei die Form des § 313 BGB. nicht erforderlich. Im letzteren Fall kann der Dritte auf den Anspruch nicht verzichten. Die Maria Schneid hat nun im Ehevertrag vom 1. Juli 1930 nicht nur auf die Übereignung als Vorbehaltsgut, sondern auf den Übereignungsanspruch an Pl.-Nr. 2 a zu Alleineigentum überhaupt verzichtet, denn sie hat ja allgemeine Gütergemeinschaft geschlossen, in welchem Fall das beiderseitige Vermögen nach § 1438 Gesamtgut wird.

War sie daher durch den Vertrag zugunsten Dritter berechtigt, so konnte sie also verzichten, damit ist ihr Anspruch erloschen und die Vormerkung mangels einer ihr zugrunde liegenden Forderung unwirksam. War sie dagegen nur ermächtigt, so hat ihr Verzicht auf den Anspruch keine Wirkung, die Vormerkung ist daher für einen noch bestehenden Anspruch eingetragen.

Da nun hier nicht mit Sicherheit beurteilt werden kann, ob die Maria Schneid berechtigt oder nur ermächtigt werden solle, kann von diesem Gesichtspunkte aus die Gültigkeit des Verzichtes und damit der Vormerkung nicht beurteilt werden. Die Vormerkung ist aber aus anderen Gründen nichtig, so daß es auf die Würdigung der Vormerkung vom Standpunkte der Akzessorität aus gar nicht ankommt.

β) Zwar ist die Vormerkung nicht deshalb nichtig, weil sie von Inspektor Schwarz eingetragen und vom Richter nicht unterschrieben war; denn die Eintragungen können auch vom Gerichtsschreiber gefertigt sein, die Unterschrift durch den Richter ist nur eine Sollvorschrift, § 45 GBO.

Auch der Umstand, daß die Vormerkung in Abteilung I statt in Abteilung II des Grundbuchs eingetragen wurde, steht ihrer Gültigkeit nicht im Wege; denn die Vorschrift in § 365 Ziff. 25 DAfGBA., wonach die Vormerkungen in Abteilung II einzutragen sind, ist gleichfalls nur eine Sollvorschrift.

Desgleichen ist der Umstand, daß der Antrag des Ruch in das Tagebuch nicht eingetragen wurde (§ 13 GBO., §§ 37 ff. DAfGBA.) bedeutungslos, da es sich gleichfalls um Sollvorschriften handelt.

γ) Maßgebend ist vielmehr folgendes: Die Vormerkung kann nach § 885 BGB. nur auf Grund einstweiliger Verfügung oder auf Grund der Bewilligung des Betroffenen, hier also der als Bucheigentümer eingetragenen Eheleute Schneid, eingetragen werden. Dies ist eine Vorschrift materiellrechtlicher Natur, Planck § 885 Anm. 1. Wie ein dingliches Recht, abgesehen von Eintragungen im Zwangsvollstreckungswege, nach § 873 BGB. regelmäßig nur auf Grund von Einigung und Eintragung entstehen kann, so kann auch eine Vormerkung, abgesehen von Eintragungen auf Grund einstweiliger Verfügung, regelmäßig nur auf

Grund Eintragungsbewilligung und Eintragung nach § 885 BGB. entstehen.

Hier wurde aber die Vormerkung lediglich auf Antrag des Ruch eingetragen. Die Vormerkung ist daher unwirksam schon aus diesem Grunde, und es ist daher ganz gleichgültig, ob der oben unter *a* erwähnte Anspruch, der die Grundlage für eine richtig bestellte Vormerkung hätte bilden können, bestand oder nicht.

c) Die Beschwerde ist also zulässig und begründet, das Landgericht als Beschwerdegericht hat daher das Grundbuchamt anzuweisen, die zugunsten des Fritz Ruch eingetragene Vormerkung vom 11. Januar 1930 zu löschen.

2.

Beschwerde gegen die Zwischenverfügung vom 18. Februar 1930.

a) Die Beschwerde richtet sich gegen eine Entscheidung im Sinne des § 71 Abs. 1 GBO.; denn als solche Entscheidungen gelten nicht nur die Zurückweisungen von Anträgen, sondern auch die auf Anträge ergangenen Zwischenverfügungen; Meikel-Imhof S. 580 oben. Es ist also hier Beschwerde zulässig mit dem Ziele, daß das Beschwerdegericht die Entscheidung des Grundbuchamtes aufhebt oder abändert; Meikel-Imhof § 75 Anm. 1.

b) Die Prüfung, ob die Beschwerde materiell-rechtlich begründet ist, ergibt folgendes:

a) Das Grundbuchamt hat die Zwischenverfügung in der Meinung erlassen, der beantragten Eigentumsumschreibung auf Baum stehe die Vormerkung vom 11. Januar 1930 im Wege. Diese Ansicht ist falsch. Selbst wenn diese Vormerkung zu Recht bestehen würde, hätte sie nie die Wirkung einer Grundbuchsperre; der durch die Vormerkung Verpflichtete ist (mit Ausnahme der Löschung s. Planck § 883 Anm. 3a und g) zu Verfügungen über das Recht befugt, die Vormerkung hat lediglich die Wirkung, daß die trotzdem vorgenommenen Verfügungen und Eintragungen dem Vormerkungsberechtigten gegenüber, also relativ, nach § 883 Abs. 2 BGB. unwirksam sind.

β) Aber auch die Art der Zwischenverfügung war fehlerhaft; war das Grundbuchamt der Ansicht, daß die Vormerkung ein Hindernis der Umschreibung auf Baum bilde, so hätte es nach § 18 Abs. 1 GBO. lediglich eine Frist zur Behebung des Hindernisses setzen dürfen, nicht aber hätte es eine Frist zur Klageerhebung stellen dürfen.

γ) Lägen daher weiter keine Bedenken gegen die beantragte Umschreibung vor, so hätte das Landgericht die Zwischenverfügung als unbegründet aufheben und hätte sodann das Grundbuch das Grundstück auf Baum umschreiben müssen.

δ) Nun hat aber das Beschwerdegericht die Entscheidung des Grundbuchamtes sowohl zugunsten als auch zuungunsten des Beschwerdeführers nachzuprüfen. Das gesamte Sach- und Rechtsverhältnis ist daraufhin zu prüfen, ob der gestellte Antrag begründet ist oder nicht. Bei Prüfung der Zwischenverfügung ist das Beschwerdegericht sonach nicht auf die vom Grundbuchamt erhobenen Bedenken beschränkt, sondern hat die Beschwerde zurückzuweisen, wenn es die Bedenken des GBA. zwar für unbegründet hält, ein anderes Eintragungshindernis aber für vorliegend erachtet; s. Meikel-Imhof § 77 Anm. 1 a γ.

Ein solcher Fall liegt hier vor. Die Eheleute Schneid sind, wenigstens formell, als Gesamteigentümer in allgemeiner Gütergemeinschaft eingetragen. Nach §§ 1445, 1448 BGB. bedarf der Ehemann zur Verfügung über ein zum Gesamtgut gehörendes Grundstück der Einwilligung oder der Genehmigung seiner Frau. Nachdem hier der Ehemann allein die Auflassung erklärt hat, ist sie daher noch schwebend unwirksam. Und nachdem das Grundbuchamt fehlerhafte Eintragungen zu vermeiden und daher die Verfügungsbefugnis des Verfügenden zu prüfen hat, hätte es, wenn auch den Antrag nicht abweisen (§ 64 Abs. II DAfGBA.), so doch eine angemessene Frist zur Nachbringung der Genehmigung der Ehefrau nach § 18 GBO. setzen sollen. Dieses Versäumnis des Grundbuchamtes wird das Beschwerdegericht nachholen. Das Beschwerdegericht wird also einmal die Zwischenverfügung vom 18. Januar 1930 aufheben. Es wird sodann des weiteren entweder das Grundbuchamt anweisen, eine neue Zwischenverfügung aus dem Gesichtspunkt des § 1445 BGB. zu erlassen, oder sie in eigener Zuständigkeit erlassen; Meikel-Imhof § 77 Anm. 2 c. Wegen der Mehrheit der Beschwerden erscheint es zweckmäßig, wenn das Beschwerdegericht die Entscheidung selbst in die Hand nimmt.

c) Das Beschwerdegericht wird daher folgenden Beschluß erlassen:

I. Die Zwischenverfügung vom 18. Januar 1930 wird aufgehoben.

II. Der Beschwerdeführerin Anna Baum wird eine Frist von einem Monat von Zustellung dieses Beschlusses an gesetzt zu dem Zwecke, dem Grundbuchamte die Genehmigung der Grundstücksgesamteigentümerin Maria Schneid zu der Verfügung ihres Mannes über die Pl.-Nr. 2 a einzureichen, und zwar in der Form des § 29 GBO. Erfolgt die Einreichung, so wird das Grundbuchamt angewiesen, die Auflassungsurkunde des Notariats Felden vom 17. Februar 1930 GRN. 150 grundbuchamtlich zu vollziehen; erfolgt die Einreichung binnen der gesetzten Frist nicht, so wird das Grundbuchamt angewiesen, die genannte Urkunde für unvollziehbar zu erklären und den Umschreibungsantrag vom 18. Februar 1930 zurückzuweisen.

III.

Die Beschwerden des Max Gold.

Wie Anna Baum auf Grund der Urkunde vom 17. Februar 1930, so will Max Gold auf Grund der Urkunde vom 12. März 1930 als Eigentümer der Pl.-Nr. 2 a eingetragen werden.

Wie die Baum, so fühlt sich auch Gold in seinem erstrebten Eigentumserwerb durch die Vormerkung für Ruch vom 11. Januar 1930 beschwert; denn auch wenn auf ihn umgeschrieben würde, so würde er für den Fall, daß die Vormerkung bestehen bleibt, doch nach § 883 Abs. 2 BGB. relativ unwirksames Eigentum erwerben. Er beantragt daher im Wege der Beschwerde die Löschung der Vormerkung.

Aus dem gleichen Grunde fühlt er sich aber in seinem Eigentumserwerb auch durch die nunmehr auch für Baum eingetragene Amtsvormerkung beschwert, und beantragt im Wege der Beschwerde auch deren Löschung.

Auf jeden Fall will er aber, selbst wenn das Grundbuchamt die beiden Vormerkungen nicht löschen sollte, als Eigentümer eingetragen werden, er beschwert sich daher auch gegen die Zurückweisung seines Umschreibungsantrags, auch für den Fall, daß den beiden ersten Beschwerden nicht abgeholfen werden sollte.

Wie die Baum (s. oben II am Anfang), so ist aber auch Gold durch die vom Beschwerdegericht angeordnete Eintragung eines Widerspruchs zugunsten des Fritz Ruch in seinem Eigentumserwerb gefährdet. Warum trotz dieses Widerspruchs auch die Beschwerden des Gold selbständig geprüft werden müssen, ist oben a. a. O. des näheren ausgeführt. Gold ist also jedenfalls zu den Beschwerden legitimiert.

1.

Beschwerde gegen die Vormerkung vom 11. Januar 1930.

Hier ist die Sach- und Rechtslage genau die gleiche wie oben unter II 1. Die Beschwerde ist also zulässig und begründet, das Beschwerdegericht hat das Grundbuchamt anzuweisen, auch auf Beschwerde des Gold die Vormerkung zu löschen.

2.

Beschwerde gegen die Amtsvormerkung vom 6. März 1930.

a) Auch diese Vormerkung ist nicht auf Grund Eintragungsbewilligung, vielmehr von Amts wegen eingetragen worden; auch diese Eintragung steht daher nicht unter dem Schutze des öffentlichen Glaubens des Grundbuchs, im Wege der Beschwerde kann daher die Beseitigung, Löschung der Vormerkung verlangt werden; s. oben II 1 a und Güthe-Triebel § 71 Anm. 9; a. A. anscheinend Meikel-Imhof § 71 Anm. 3 c Abs. 2 a. E.

b) Bei Eintragung der Amtsvormerkung hat das Grundbuchamt seinerzeit an sich konsequent gehandelt. Nachdem es am 18. Januar 1930 in der Richtung auf Baum eine Zwischenverfügung erlassen hat, hat es, nachdem vor Erledigung des Antrags und Beseitigung des angenommenen Hindernisses eine weitere Eintragung in der Richtung auf das gleiche Recht beantragt wurde (nämlich das Ersuchen auf Eintragung des Zwangsversteigerungsvermerks, wobei zu bemerken ist, daß nach Güthe § 18 Anm. 41 dem Antrage das Ersuchen einer Behörde gleichsteht), nach § 18 Abs. 2 GBO. zugunsten des Baumschen Antrags eine Amtsvormerkung eingetragen. Falsch war nur die Begründung von Zwischenverfügung und Amtsvormerkung. Denn die beiden sind auf Grund der irrigen Ansicht des Grundbuchamts ergangen, dem Vollzuge des Antrages des Baum auf Umschreibung stehe die Vormerkung für Ruch vom 11. Januar 1930 im Wege, während dem Vollzuge in Wahrheit der Mangel der Zustimmung der Maria Schneid zu der Verfügung vom 17. Februar 1930 im Wege gestanden ist. Jedenfalls sind aber Zwischenverfügung und Amtsvormerkung, die mit sich im engsten Zusammenhang stehen, an sich richtig ergangen, und es besteht für das Beschwerdegericht kein Anlaß, die Amtsvormerkung für Baum, die die Priorität seines Übereignungsanspruchs gegenüber späteren Anträgen und Eintragungen zu wahren hat, zu beseitigen.

c) Auch im übrigen muß die Amtsvormerkung als rechtswirksam angesehen werden.

Auch die Amtsvormerkung muß als ein akzessorisches Recht angesehen werden und ist daher in ihrer Gültigkeit von einem Hauptrecht abhängig, dessen Sicherung sie zu dienen hat; ein solches Hauptrecht ist aber vorhanden; denn auf Grund des Kaufvertrags vom 17. Februar 1930 bestand ein, wenn auch wegen der noch nicht erfolgten Genehmigung der Maria Schneid nur vorerst schwebend wirksamer persönlicher Anspruch des Baum auf Übereignung der Pl.-Nr. 2 a, und dieser Anspruch ist, da er nicht höchst persönlich ist, im Erbwege auf die Rechtsnachfolgerin Anna Baum übergegangen.

Kurt Baum hat zwar kurz vor seinem Tode den Rechtsanwalt Rasch beauftragt, dem Veräußerer Schneid anzutragen, den Kaufvertrag vom 17. Februar 1930 rückgängig zu machen, und dieser Auftrag ist durch den Tod des Baum nicht erloschen, §§ 672, 168 BGB. Rasch führte aber diesen Auftrag nicht aus, sondern verständigte lediglich den Schneid von dem Auftrag. Selbst wenn man aber annehmen wollte, daß Rasch dem Schneid den Antrag machte, den Vertrag aufzuheben, so fehlt es an der Annahme dieses Antrags; denn eine rechtswirksame Annahme hätte nicht dem Grundbuchamt oder dem Notariat gegenüber erklärt werden können, sondern sie hätte dem Baum oder dessen Erben gegenüber erfolgen müssen, §§ 146, 147 BGB. Es kann also auch von dem Erlöschen des persönlichen Anspruchs durch Aufhebung keine Rede sein.

Auch ist die Vormerkung nicht deswegen nichtig, weil sie erst nach dem Tode des Baum, also für einen nicht mehr Lebenden eingetragen worden ist. Das Reichsgericht hat mit Urteil vom 6. Februar 1926 (Leipz. Zeitschr. 1926 Sp. 445) im Gegensatz zu der bisher herrschenden Meinung ausgesprochen, daß mit der Eintragung einer Vormerkung auf den Namen eines Verstorbenen in Wahrheit der Erbe unter bloß nicht mehr zutreffender Bezeichnung als Berechtigter eingetragen werde und daß eine derartige nunmehr unzutreffende Bezeichnung die materielle Wirksamkeit nicht beeinträchtigen könne.

d) Die eingetragene Amtsvormerkung ist daher nach jeder Richtung für Anna Baum rechtswirksam, die Beschwerde war daher als unbegründet zu verwerfen.

3.

Beschwerde gegen die Zurückweisung vom 13. März 1930.

a) Da es sich um die Abweisung eines Antrags handelt, kann Gold mit Beschwerde nach § 71 Abs. 1 verlangen, daß das Beschwerdegericht die Verfügung des Grundbuchamts aufhebt oder abändert.

b) Die materielle Rechtslage ist ähnlich wie bei der Baumschen Beschwerde gegen die Zwischenverfügung. Auch hier ist das Grundbuchamt von der irrigen Ansicht ausgegangen, daß die Eintragung einer Vormerkung eine Grundbuchsperre bewirke; nur handelt es sich hier nicht lediglich um die Vormerkung vom 11. Januar 1930, sondern des weiteren noch um die Amtsvormerkung vom 6. März 1930. Dabei hat das Grundbuchamt die beiden Anträge verschieden behandelt; denn während es auf den Antrag der Baum nur eine Zwischenverfügung erließ, hat es den Antrag des Gold ohne weiteres abgewiesen.

Das Beschwerdegericht hat daher die auf Grund irriger Rechtsansicht erlassene Verfügung des Grundbuchamtes aufzuheben.

Dem Umschreibungsantrag des Gold steht aber hier das gleiche Hindernis entgegen wie jenem der Baum, nämlich der Mangel der Genehmigung der Ehefrau Maria Schneid aus § 1445 BGB. Dieses Vollzugshindernis hat das Beschwerdegericht in gleicher Weise zu berücksichtigen wie bei der Baumschen Beschwerde. Dabei hat es sich aber zu sagen, daß die Billigkeit gebiete, daß der Antrag des Gold in gleicher Weise behandelt werde wie der Antrag der Baum. Es hat daher gleichfalls eine Zwischenverfügung zu erlassen, mit der dem Gold Gelegenheit gegeben wird, das der Umschreibung im Wege stehende Hindernis wegzuräumen.

Nun ist aber hier des weiteren zu beachten, daß neben dem Umschreibungsantrag des Gold ein schon früher gestellter Umschreibungsantrag der Baum vorliegt, und daß dieser nach § 17 GBO. den Vorzug genießt. Das Beschwerdegericht hat daher in seiner zu erlassenden Zwischenverfügung zum Ausdruck zu bringen, daß, selbst wenn das dem Goldschen Antrag entgegenstehende Hindernis weggeräumt wird, der Antrag doch zurückzuweisen ist, wenn binnen der gesetzten Frist das dem Baumschen Antrag entgegenstehende Hindernis weggeräumt wird.

c) Der Beschluß des Beschwerdegerichtes wird daher etwa zu lauten haben:

I. Der zurückweisende Beschluß vom 13. März 1930 wird aufgehoben.

II. Dem Beschwerdeführer Max Gold wird eine Frist von einem Monat von Zustellung dieses Beschlusses an gesetzt zu dem Zwecke, dem Grundbuchamt die Genehmigung der Grundstücksgesamteigentümerin Maria Schneid zu der Verfügung ihres Mannes vom 12. März 1930 einzureichen, und zwar in der Form des § 29 GBO. Erfolgt die Einreichung, so wird das Grundbuchamt angewiesen, die Auflassungsurkunde des Notariats Wies vom 12. März 1930 GRN. 100 grundbuchamtlich zu vollziehen. Erfolgt die Einreichung binnen der Frist nicht, so wird das Grundbuchamt angewiesen, die Urkunde für unvollziehbar zu erklären und den Umschreibungsantrag vom 12. März 1930 zurückzuweisen.

III. Auch wenn die Genehmigung der Maria Schneid binnen der gesetzten Frist vorgelegt wird, hat das Grundbuchamt den Antrag zurückzuweisen, wenn die Genehmigung der Maria Schneid zur Verfügung ihres Mannes vom 17. Februar 1930 binnen der der Anna Baum gesetzten Frist in der Form des § 29 GBO. vorgelegt wird.

4.

Für die Beschwerden des Karl Schneid finden die obigen Ausführungen entsprechende Anwendung.

D.

Die Beschwerde wegen der Hypothekverteilung.

I. Fritz Ruch, der seinerzeit als Eigentümer der Pl.-Nr. 1 und 2 eingetragen war, hat diese Grundstücke zur Sicherung einer Darlehensforderung des Max Gold zu 20000 *RM* mit einer Buchhypothek belastet; Ruch war also persönlicher und dinglicher Schuldner. Pl.-Nr. 2 wurde später auf Grund Veräußerung auf die Eheleute Schneid umschrieben, eine Schuldübernahme nach § 416 BGB. hat nicht stattgefunden. Pl.-Nr. 2 wurde später in Pl.-Nr. 2a und Pl.-Nr. 2b aufgeteilt. Es bestand damit eine Gesamthypothek an drei Grundstücken, Ruch war persönlicher und dinglicher Schuldner, die Eheleute Schneid waren nur dingliche Schuldner.

II. Karl Schneid hat Pl.-Nr. 2a mit Urkunde vom 12. März 1930 um 10000 RM an Max Gold verkauft und aufgelassen. Der Kaufpreis sollte dadurch getilgt sein, daß Gold den Schneid zu einem gleich hohen Betrag aus der Haftung entließ. Gold verteilte des ferneren den Betrag der Forderung zu 20000 RM auf die Pl.-Nr. 2a und 2b mit je 10000 RM und bewilligte und beantragte die Eintragung dieser Verteilung im Grundbuch. Er beantragte ferner die Umschreibung der Hypothek zu 10000 RM auf Pl.-Nr. 2a auf sich als Eigentümerhypothek. Ferner beantragte er die Löschung des Versteigerungsvermerks auf Pl.-Nr. 2a.

Das Grundbuchamt lehnte den Vollzug auch dieser Anträge ab, da a) die Verteilung der Zustimmung der mit der Gesamthypothek belasteten Grundstücke bedürfe, b) die Gesamthypothek zu 20000 RM, soweit sie auf Pl.-Nr. 2a lastete, zum Teilbetrage von 10000 RM sich nur in eine Eigentümergrundschuld des Gold habe verwandeln können, und c) der Versteigerungsvermerk nur auf Ersuchen des Vollstreckungsgerichtes gelöscht werden könne.

III. Es ist zu prüfen, inwieweit die Abweisung des Grundbuchamtes gerechtfertigt war für den Fall, daß Pl.-Nr. 3a auf Gold umschrieben werden könnte.

1. Es hätte in erster Linie der Antrag auf Hypothekenverteilung vollzogen werden müssen. Der Gläubiger ist nach § 1132 Abs. 2 BGB. berechtigt, den Betrag der Forderung auf die einzelnen Grundstücke in der Weise zu verteilen, daß jedes Grundstück nur für den zugeteilten Betrag haftet. Auf diese Weise wird die Gesamthypothek in Einzelhypotheken umgewandelt. Bei jedem einzelnen Grundstück wird vom Gläubiger auf den auf dieses nicht zugeteilten Betrag der Forderung verzichtet, wird dabei auf einzelne Grundstücke überhaupt nicht verteilt, so wird an diesen auf die ganze Hypothek verzichtet. In Höhe der Verzichte entsteht nicht etwa eine Eigentümergrundschuld nach der Regel des § 1168 BGB., vielmehr erlischt die Hypothek in Höhe des

Verzichtes nach §§ 1132 Abs. 2 Satz 2 mit 875 und § 1175 Abs. 1 Satz 2 BGB. Die Rechtsänderung erfolgt nach § 875 BGB. durch Verzichtserklärung und Löschung des nicht geltend gemachten Teilbetrags. Der Gläubiger kann nach Belieben verteilen, eine Zustimmung der Eigentümer, wie das Grundbuchamt unter a annimmt, ist nicht erforderlich; s. Staudinger § 1132 Anm. II Anfang, Anm. II d, Anm. III b. Es hätte also die Gesamthypothek auf Pl.-Nr. 1 gelöscht und auf Pl.-Nr. 2 a und 2 b je eine Einzelhypothek zu je 10000 *RM* eingetragen werden müssen.

Die Rechtslage war nunmehr die: Ruch war nur mehr persönlicher Schuldner des Gold mit 20000 *RM*, Schneid war dinglicher Schuldner des Gold bezüglich der Pl.-Nr. 2a und Pl.-Nr. 2b mit je 10000 *RM*.

2. Nunmehr erst hätte Pl.-Nr. 2a auf Gold umschrieben und hätte sodann zu den übrigen Anträgen des Gold Stellung genommen werden können.

a) Wäre zwischen Schneid und Gold kein Aufrechnungsvertrag geschlossen worden, so wäre, da der Hypothek an Pl.-Nr. 2a eine Forderung des Gold gegen Ruch zu 10000 *RM* zugrunde lag, nach § 1177 Abs. 2 BGB. eine Eigentümerhypothek des Gold entstanden. Die Haftentlassungserklärung des Gold hatte nun offenbar den Sinn, daß Schneid, der damals noch dinglicher Schuldner des Gold bezüglich der Pl.-Nr. 2a zu 10000 *RM* war, gegenüber diesem dinglichen Anspruch mit seiner ihm gegen Gold zustehenden Kaufpreisforderung zu 10000 *RM* aufrechnen können sollte, und zwar für den Fall der Umschreibung der Pl.-Nr. 2a auf Gold. Nun kann nach der Regel des § 387 BGB. an sich nur mit gleichmäßigen Forderungen aufgerechnet werden. Nach der Ausnahmevorschrift des § 1142 Abs. 2 BGB. kann aber der dingliche Schuldner mit einer ihm gegen den dinglichen Gläubiger zustehenden persönlichen Forderung aufrechnen. Dies ist geschehen. Die Folge ist, daß die auf Pl.-Nr. 2a ruhende Hypothek des Gold mit dem Augenblicke der Umschreibung auf diesen sich nicht in eine Eigentümerhypothek nach § 1177 Abs. 2 BGB., sondern nach §§ 1163 Abs. 1 Satz 2 mit § 1177 Abs. 1 BGB. in eine

Eigentümergrundschuld des Gold verwandelt hat. Die Ansicht des Grundbuchamtes unter b ist also richtig.

b) Der Inhaber einer Eigentümergrundschuld kann nach § 1197 Abs. 1 BGB. nicht die Zwangsversteigerung in sein eigenes Grundstück betreiben, Gold kann daher die Zwangsversteigerung in die nunmehr ihm gehörige Pl.-Nr. 2a nicht fortsetzen. Trotzdem kann auch hier, wie auch oben im Falle C I 2, der Versteigerungsvermerk nur auf Ersuchen des Vollstreckungsgerichtes gelöscht werden. Es ist also auch die Ansicht c des Grundbuchamtes richtig.

IV. Die Beschwerde richtet sich gegen die Abweisung von Eintragungsanträgen, ist also nach § 71 Abs. 1 GBO. zulässig.

Zur Beschwerde kann hier nur für den Fall, daß Gold als Eigentümer der Pl.-Nr. 2a eingetragen werden sollte (s. oben C III 3), also nur bedingt, Stellung genommen werden. Das Beschwerdegericht wird daher unter Abänderung der Verfügung des Grundbuchamtes vom 13. März 1930 dieses anweisen, für den Fall, daß Pl.-Nr. 2a auf Gold umgeschrieben werden könne, zuerst die Gesamthypothek auf Pl.-Nr. 1 zu löschen und auf Pl.-Nr. 2a und 2b je eine Einzelhypothek zu je 10000 RM einzutragen, sodann das Grundstück Pl.-Nr. 2a auf Gold umzuschreiben und endlich die auf ihm ruhende Hypothek des Gold in eine Eigentümergrundschuld zu berichtigen. Dagegen wird es die Beschwerde, insoweit sie sich gegen die Verweigerung des Antrags auf Löschung des Versteigerungsvermerks wendet, als unbegründet abweisen. Für den Fall, daß seinerzeit feststeht, daß die Umschreibung der Pl.-Nr. 2a auf Gold nicht in Frage kommen kann, wird es die Beschwerde wegen Fehlens eines rechtlichen Interesses als unzulässig, und auch als unbegründet verwerfen.

E.

Die Beschwerde gegen die Eintragung der Zwangshypothek.

I. Es handelt sich um eine Beschwerde gegen eine Eintragung, die unter dem Schutze des öffentlichen Glaubens des Grundbuchs steht (s. Staudinger Bd. III S. 225 Zeile 4 bis 6 von unten). Im Wege der Beschwerde kann daher nach § 71 Abs. 2 GBO. nur verlangt werden, daß das Beschwerdegericht das Grundbuchamt anweist, einen Widerspruch einzutragen.

II. Die Frage, ob, wenn für eine Forderung bereits eine Vertragshypothek eingetragen ist, des weiteren noch eine Zwangshypothek auf einem anderen Grundstück eingetragen werden kann, ist sehr bestritten.

Das Kammergericht erachtet in seinem Beschlusse vom 9. Dezember 1912 (KGJ. 44, 285) die Verbindung einer Vertrags- und Zwangshypothek für unzulässig: es würde dadurch eine Gesamthypothek nach § 1132 BGB. entstehen, diese setze gleichartige Rechtsgebilde voraus, Verkehrshypothek und Zwangshypothek seien aber verschiedenartige Rechte.

Auch das BayObLG. nimmt in seinen Beschlüssen vom 20. Juli 1914 und vom 15. Januar 1915 (RJA. 14 S. 202 und 223) an, daß durch Eintragung der Zwangshypothek eine Gesamthypothek entsteht, unterscheidet aber: Ist die schon eingetragene Vertragshypothek eine Sicherungshypothek nach § 1184 ff. BGB., so kann daneben eine Zwangshypothek eingetragen werden, da auch diese nach § 866 ZPO. die rechtliche Natur einer Sicherungshypothek hat und daher gleichartige Rechtsgebilde bestehen. Ist dagegen die schon eingetragene Vertragshypothek eine Verkehrshypothek, mag sie Buch- oder Briefhypothek sein, so kann daneben eine Zwangs-Sicherungshypothek nicht eingetragen werden.

Das Reichsgericht führt in seinem Beschlusse vom 4. Februar 1920 (RGZ. 98, 106) aus, daß eine Gesamthypothek überhaupt nicht in Frage komme, daß Vertrags- und Zwangshypothek selbständig nebeneinander bestehen könnten, und daß daher neben jeder beliebigen Vertragshypothek noch eine Zwangshypothek eingetragen werden könnte; s. Staudinger § 1132 Anm. I 1 δ; Meikel-Imhof S. 255 Abs. 3; für die letztere Ansicht auch RGRKomm. § 1132 Anm. 3 und Stein-Jonas, 1926, § 867 Anm. V 2; dagegen Güthe-Triebel vor § 13 Anm. 38.

III. § 867 Abs. 2 ZPO. findet nach Güthe-Triebel § 19 Anm. 112 Abs. 3 und Stein-Jonas § 867 Anm. V 2 keine

Anwendung, wenn für eine Forderung, für die schon eine Vertragshypothek besteht, eine Zwangshypothek auf einem anderen Grundstück desselben Schuldners eingetragen werden soll.

IV. Das Beschwerdegericht wird sich der Ansicht des Reichsgerichts unter II und jener unter III anschließen und die Beschwerde als unbegründet zurückweisen.

F.

Beschwerde gegen die Verweigerung der Eintragung des Mitbelastungsvermerks.

I. Das Grundbuchamt Wies hat offenbar angenommen, daß eine Gesamthypothek entstanden sei, hat daher nach § 49 GBO. auf dem Blatt des Grundbuchamts Wies die Mitbelastung des Feldener Grundbuchs eingetragen und nach § 279 DAfGBA. dem Grundbuchamt Felden Mitteilung gemacht, daß damit dieses einerseits die Mitbelastung des Wieser Grundbuchs eintrage (Meikel-Imhof § 49 Anm. 3 d). Dieses gab die Mitteilung mit dem in der Aufgabe enthaltenen Beifügen zurück. Dagegen hat das Grundbuchamt Wies Beschwerde eingelegt.

II. Stellt eine Behörde ein Ersuchen um Eintragung nach § 39 GBO. und lehnt das ersuchte Grundbuchamt die Eintragung ab, so ist hiegegen Beschwerde nach § 71 Abs. 1 GBO. zulässig, da das Ersuchen einer Behörde einem Antrag gleichsteht (Güthe-Triebel § 18 Anm. 41). Ein Ersuchen im Sinne des § 39 GBO. liegt aber nicht vor, die Beschwerde ist daher als unzulässig abzuweisen.

III. Dagegen liegt in der Tätigkeit des Grundbuchamts Felden wohl ein Justizverwaltungsakt vor, und gegen diesen kann zwar nicht das Grundbuchamt Wies, wohl aber der Betroffene, also der Hypothekengläubiger oder der Eigentümer, Dienstaufsichtsbeschwerde nach Art. 69 ff. AG.z.GVG. erheben. Zuständig ist bei der Weigerung des Grundbuchamtes der diesem vorgesetzte Landgerichtspräsident nach Art. 73 a. a. O.; s. Meikel-Imhof § 71 Anm. 2 a $\beta\beta$ und Güthe-Triebel § 71 Anm. 4.

IV. Die oben erwähnte Reichsgerichtsentscheidung in RGZ. 98, 106, die die Eintragung einer Zwangshypothek neben einer schon bestehenden Vertragshypothek schlechtweg zuläßt, hält zwar eine Gesamthypothek für nicht gegeben. Da aber bei Nichteintragung des Mitbelastungsvermerks die Gefahr besteht, daß die einzelnen Hypotheken selbständig veräußert werden könnten und daß damit bei gutgläubigem Erwerb eine Vervielfältigung der Hypothek zum Schaden des oder der belasteten Eigentümer entstehen könnte, hält die Entscheidung auf Seite 111 die entsprechende Anwendung des § 49 GBO. für statthaft. Zur Abwendung der aus dem öffentlichen Glauben des Grundbuchs dem Eigentümer drohenden Gefahren wird daher die Aufsichtsbehörde das Grundbuchamt Felden anweisen, den Mitbelastungsvermerk einzutragen.

G.

Die frühere Pl.-Nr. 2 wurde in zwei gleich große Flächen geteilt und vermessen, die eine wurde mit Pl.-Nr. 2 a, die andere mit Pl.-Nr. 2 b bezeichnet. Die Buchstabenbezeichnung dient regelmäßig bei Grundstücken mit verschiedener Kulturart grundsteuerlichen Zwecken, die Buchstabenplannummern bilden keine selbständigen Grundstücke, vielmehr ist nur das mit der gemeinsamen Ziffer bezeichnete Grundstück ein einziges selbständiges Grundstück; s. DAfGBA. §§ 171, 185, 295 II. Hier wollten aber offenbar, zumal die gleiche Kulturart, nämlich Waldung, vorliegt, zwei selbständige Grundstücke gebildet werden, die Pl.-Nr. 2 a und Pl.-Nr. 2 b waren daher bei der Lösung als zwei selbständige Grundstücke zu behandeln. Allerdings hätten dann die Grundstücke, um jeden Zweifel auszuschließen, mit Pl.-Nr. 2 und Pl.-Nr. 2½ bezeichnet werden sollen; s. DAfGBA. §§ 168, 169, 192.

FSC
www.fsc.org
MIX
Papier | Fördert
gute Waldnutzung
FSC® C083411

Kolibri 360 GmbH
Ferdinand-Jühlke-Straße 7
99095 Erfurt, Deutschland
produktsicherheit@kolibri360.de